메모의 재발견

頭のよさはノートで決まる: 超速脳内整理術
齋藤孝 著
ビジネス社 刊
2017

ATAMA NO YOSA WA NOTE DE KIMARU CHOSOKU NOUNAI SEIRIJUTSU
by Takashi Saito
Original Japanese edition published by Business-sha Co., Ltd., Tokyo.

메모의 재발견

어제의 나를 변화시키는 작지만 강력한 메모의 힘

재발견

사이토 다카시 지음 · 김윤경 옮김

비즈니스북스

메모의 재발견

1판 1쇄 발행   2017년 9월 30일
1판 9쇄 발행   2024년 2월 14일

지은이 | 사이토 다카시
옮긴이 | 김윤경
발행인 | 홍영태
발행처 | (주)비즈니스북스
등 록 | 제2000-000225호(2000년 2월 28일)
주 소 | 03991 서울시 마포구 월드컵북로6길 3 이노베이스빌딩 7층
전 화 | (02)338-9449
팩 스 | (02)338-6543
대표메일 | bb@businessbooks.co.kr
홈페이지 | http://www.businessbooks.co.kr
블로그 | http://blog.naver.com/biz_books
페이스북 | thebizbooks
ISBN 979-11-86805-84-8   03190

비즈니스북스는 독자 여러분의 소중한 아이디어와 원고 투고를 기다리고 있습니다.
원고가 있으신 분은 ms1@businessbooks.co.kr로 간단한 개요와 취지, 연락처 등을 보내 주세요.

사소한 메모가 가져온
놀라운 변화를 경험하라

누구나 일을 하다 보면 머릿속만 복잡하거나 딱 떠오르는 아이디어가 없어 고생한 적이 한 번쯤은 있을 것이다. 예를 들면 프레젠테이션을 준비하는데 포인트가 잡히지 않는다든지, 보고서가 결론에서 막혀 더 이상 진도가 안 나간다든지, 곧 회의에 들어가야 하는데 머릿속이 뒤죽박죽이라든지…. 이런 답답한 상황들은 쉽게 해결되지 않는다. 게다가 속도가 생명인 오늘날에는 빨리 판단하고 결정해야 하는 일들이 점점 더 많아지고 있어 마음은 더 조급해진다.

그렇다면 어떻게 해야 이 답답한 머릿속을 정리할 수 있을까? 분명하고 확실한 답을 더 빠르게 도출해 내려면 어떻게 해야 할까? 그 답을 바로 이 책의 주제인 '메모의 기술'에서 찾을 수 있다.

우리는 초등학교와 중·고등학교 시절뿐만 아니라 대학교 때까지도 꾸준히 노트 필기를 했다. 그래서 필기 또는 메모라고 하면 '칠판에 쓰여 있는 내용을 노트에 옮겨 적거나 누군가의 말을 요약해 적는 것'이라고 생각한다. 하지만 이런 인식은 메모를 효과적으로 활용하는 데 그다지 적절하지 않다. 메모는 수동적 활동이 아니라 주체적이고 적극적인 활동이기 때문이다. 단순히 받아쓰는 데 그치지 않고 분명한 목표 아래 적극적으로 활용할 때 비로소 메모의 진정한 가치를 알게 된다.

그렇다면 구체적으로 메모는 어떻게 작성하고, 어떻게 활용하면 좋을까? 나는 종종 '아이디어는 머릿속이 아닌 노트 위에서 생각하는 것'이라고 말하곤 한다. 머리가 복잡한 상태에서는 아무리 이것저것 고민해 봤자 생각이 전혀 나아가지 않는다. 그렇게 생각의 진전 없이 머리만 싸매고 있기보다는 뭔가 한 조각의 아이디어라도 떠오르면 불완전할지언정 일단 그 내용을 종이 위에 적어 보자.

별것 아닌 것처럼 보이지만 손으로 생각을 옮겨 적다 보면 머릿속을 어지럽혔던 고민이나 문제들을 파악할 수 있을 뿐 아니라 정리할 포인트가 무엇인지 조금씩 드러나기 시작한다. 그런 다음에 여기에 도표나 기호 등을 덧붙여 문제를 시각적으로 나타내면 생각의 전체적인 형체가 더욱 뚜렷해진다. 이처럼 머릿속에 떠다니는 생각을 문자로 바꿔 메모하다 보면 앞으로 무엇을 어떻게 생각해야 하는지가 제시된 나만의 '아이디어 지도'가 완성된다.

이렇게 메모는 현재 필요한 아이디어를 도출해 내고 생각을 체계적으로 정리해 준다는 것 외에도 또 다른 장점이 있다. 바로 자신도 몰랐던 복잡한 감정을 정리할 수 있도록 도와준다는 것이다. 나는 대학에서 강의도 하지만 종종 학생들의 고민 상담도 하는데, 그때마다 학생들에게 종이를 주고 고민거리를 써 보게 한다. 그리고 종이에 쓴 내용을 다시 정리해 보게 한다. 그러면 단순히 이야기를 듣고만 있을 때보다 문제가 훨씬 더 명확하게 드러난다. 현재 무엇이 자신을 가장 괴롭히고 있는지, 고민의 우선순위가 어떻게 되는지 이내 파악되고 고민이 바로 해결되기도 한다. 이렇게 고민을 글로 나열한 후 문제를 객관적으로 바라보면 문제 해결의 단계까지 단번에 도달할 수도 있다.

이런 방법은 사실 인간의 본질과도 관련이 있다. '나는 생각한다. 고로 나는 존재한다'는 명제로 유명한 프랑스의 철학자 데카르트 역시 《방법서설》에서 "문제를 열거하고 이를 재확인하는 과정이 진리를 추구하는 길"이라고 설명하고 있다.

이 책은 내가 30년 이상 해왔던 메모, 그중에서도 '어른들을 위한 메모 기술'에 대한 내용을 한 권으로 정리한 것이다. 어른의 메모는 학생의 필기와 무엇이 어떻게 달라야 하는지 그리고 어떻게 효과적으로 메모를 해야 하는지 그 구체적인 노하우를 차근차근 알기 쉽게 설명하고자 했다. 노트나 종이, 펜만 있으면 누구나 충분히 따라올 수 있을 정도로 무척 쉽다. 하지만 사소해 보이는 이 메모 습관이 일과 삶에 미치는 영향은 지대하다. 나 역시 그 변화를 생생히 경험했고, 그 사소한 습관이 나를 지금 이 자리까지 올 수 있게 해 주었다고 해도 과언이 아니다.

책이 끝나갈 때쯤에는 '쓰고→생각하고→이해하는' 방법이 사고의 습관으로 자리 잡을 것이다. 점점 속도전으로 치닫는 사회에서도 승승장구할 수 있는 창의적인 사고력과 스트레스 가득한 환경에서도 무너지지 않는 강인한 마음을 겸비한 인재로 거듭나는 것은 물론이다. 이제 여러분은 이 책을 통해 어제와 다른 나를 만나게 될 것이다.

사이토 다카시

제3장 무엇을 어떻게 적을 것인가

제1장

디지털 시대, 왜 다시 '아날로그 메모'인가

01

학생의 필기 vs.
어른의 메모

우리는 보통 '노트 쓰기'를 학생들의 전유물처럼 여긴다. 고등학교를 졸업한 이후에는 나와 전혀 상관없는 일로 생각한다. 그만큼 오랫동안 우리는 수업 내용을 정리하고, 선생님의 말씀을 받아 적고, 숙제를 할 때 다시 펼쳐 보기 위해 노트를 써 왔다.

하지만 성인이야말로 노트를 더욱 가까이해야 한다는 사실을 아는가? 생각해 보면 사회생활 역시 학교생활과 크게 다르지 않다. 가르쳐 주는 선생님만 없을 뿐이다. 직장인들 역시 업무 내용을 정리하고, 상사의 지시 사항을 받아 적고, 새로운 기획안을 만들어 내야 한다.

물론 요즘은 컴퓨터와 스마트폰이 일상화되었기에 손으로 쓰는 아날로그 메모의 필요성에 의문을 가질 수도 있다. 하지만 생각해 보자. 아무리 가벼운 노트북이라고 해도 그 큰 물건을 여기저기 들고 이동하기란 무척 불편하며 회의 시간에 스마트폰이나 태블릿으로 메모를 하는 일도 결코 쉽지 않다. 주위의 잘나가는 직장인들을 관찰해 보라. 모두 자기만의 '노트'를 하나씩 가지고 다닐 것이다.

주입식 교육에서 벗어나 스스로 공부를 해야 하는 대학생, 회사에 다니며 아이디어를 내야 하는 직장인들에게 노트는 없어서는 안 될 중요한 물건이며 메모는 사회생활을 하는 데 가장 중요한 기술이다. 이는 아무리 강조해도 지나치지 않다.

시험을 위해서가 아닌
자기 분야에서 성공하기 위한 메모
....

학교교육을 통해 습득할 수 있는 최고의 기술은 아마도 노트 쓰기 기술 혹은 메모 기술이 아닐까. 우리는 대부분 초등학교 6년과 중·고등학교 시절 6년을 비롯해 때로는 대학교 2~4년 동안 끊임없이 '필기'를 한다. 계산해 보면 적게는 12년에서 많게는 16년, 또는 그 이상의 기간 동안 꾸준히 메모하는 연습을 해온 셈이다. 하지만 그렇게 오랜 시간 연습해 왔음에도 졸업과 동시에 메모와 멀어지는 사람이 허다하다. 정말이지 안타까운 일이 아닐 수 없다.

메모는 사회에 나가서도 얼마든지 활용할 수 있는 기술이다. 아니, 오히려 사회인이 활용했을 때 비로소 그 진가가 발휘된다. 다방면에 뛰어났던 천재 레오나르도 다빈치는 작업할 때 언제나 메모를 활용했다고 한다. 발명왕 토머스 에디슨 역시 아이디어를 노트에 기록해 두는 습관이 있어 그가 평생 쓴 노트만 3,400권에 달했다고 한다. 천재 물리학자 알베르트 아인슈타인도 아이디어를 노트에 적으면서 세기의 이론을 완성해 냈다.

물론 역사적으로 위대한 천재나 인물들만 메모를 활용한 것은 아니다. 소위 '예능계의 대부'라고 불리는 최고의 자리에 오른 개그맨들 역시 자신만의 '아이디어 노트'를 가지고 다니기로 유명하다. 매번 새로운 개그를 선보이는 그들을 보다 보면 '저 사람, 천재 아냐?' 하는 생각이 드는데, 그 이면에는 늘 아이디어를 메모해 두는 성실함이 숨어 있는 것이다. 그들에게 아이디어 노트는 성공과 직결되는 소중한 자산이다.

사실 학교에 다닐 때는 교과서나 문제집이 있기 때문에 따로 노트를 쓰지 않는다고 해서 큰 문제가 생기진 않는다. 하지만 사업이나 업무처럼 정해진 교과서가 없는 분야에서는 메모가 큰 역할을 한다. 여기서 메모는 단순히 정보와 아이디어를 기록하는 수단이 아니다. 메모를 하다 보면 뇌가 활성화되고 스트레스가 감소되는 등 마음의 건강에도 큰 도움이 된다. 다시 한번 메모가 공부하는 학생들의 전유물이 아니라는 것을 강조하고 싶다. 메모는 사업에서 이윤을 창출하고 생산성을 높이는 데 꼭 필요한 도구일 뿐 아니라 일상의 여러 문제를 해결하고 복잡한 사회를 스트레스 없이 살아가는 데 매우 유용한 수단이다.

02

잘 쓴 메모 하나가
미래의 성공을 결정한다

원래 문자의 발명은 인류사적으로 문명의 기원과 연결된다. 물론 문자 없이 말로만 소통하던 시대가 오래도록 이어지긴 했지만 이 시기에 반드시 문명이 존재했다고는 말할 수 없다. 문자가 생겨나 지식을 축적할 수 있게 되면서 문명은 급속히 발전했고 더불어 인간의 인지 능력도 크게 향상됐다. 말로는 좀처럼 표현하기 힘들던 개념을 문자를 통해 인식하게 됐기 때문이다. 예를 들어 '문제 해결'이나 '자각'이란 말은 실체가 없는 개념에 지나지 않는다. 이 같은 추상적인 개념은 문자가 탄생하고 비로소 생명을 얻게 됐다. 나아가 인간은 문자를 통해 개념을 깨치게 되면서 한층 고차원적인 사고가 가능해졌다.

문자는 형체가 없는 생각에 윤곽을 부여한다. 그 덕분에 인간은 개념을 마치 눈에 보이는 사물처럼 다룰 수 있게 됐다. 문자로 표현된 덕분에 아리송했던 개념이 선명하게 보이고 느껴지는 것이다. 이렇게 생각하면 언어가 지닌 위력은 말보다 문자 쪽이 강하다고 하겠다.

'듣고 말하는' 기술은 사람들과 살아가다 보면 자연스럽게 몸에 밴다. 하지만 '읽고 쓰는' 기술, 그중에서도 특히 '쓰기'는 배움을 필요로 한다. 때문에 학교 교과과정에 읽기와 쓰기 능력을 기르기 위한 문해文解 교육이 존재하는 것이다. 우리는 초등학교 때 글자를 배우기 시작해서 고등학교 또는 대학교를 졸업할 때까지 지속적으로 문자를 빠르고 정확하게 쓰는 능력을 키운다. 기본적으로 수업 중 노트에 필기해야 하는 것은 물론이고 시험을 볼 때도 글을 써야 한다. 그래서 학교를 다니는 동안 교과서의 내용을 빠르고 정확하게 쓰는 기술이 점점 몸에 익는다. 학창 시절만 돌이켜봐도 쓰기란 결코 만만하게 볼 수 없는 능력이다.

그런데 학교교육에 한 가지 부족한 점이 있다. 고등학교 때까지 쓰기란 기본적으로 칠판에 쓰여 있는 글을 베끼는 것이 전부다. 그렇다 보니 대학교에 들어가면 칠판의 글을 옮겨 적는 방식이 아닌 스스로 생각해서 자율적으로 필기하는 수업을 하기 때문에 여태껏 익혀 온 쓰기 능력이 급격히 쇠퇴하는 문제가 생긴다.

학교교육에서 놓치고 있는
'쓰기'의 진짜 목적

....

몇 년 전 일본에서 《도쿄대 합격생 노트 비법》이라는 책이 화제가 된 적이 있다. 이 책에 따르면 도쿄 대학 합격생은 필기할 때 칠판의 글을 옮기는 데 그치지 않고 수업 중에 선생님이 한 말까지도 자기만의 스타일로 깔끔하게 정리한다고 한다. 실제로 노트 작성은 이들처럼 칠판에 쓰인 내용과 선생님의 말을 적는 것이 기본이다. 책 제목에도 나오는 '도쿄대 합격생 노트'란 도쿄 대학에 합격한 학생들이 고등학교 때 쓰던 공책을 말한다. 이들처럼 선생님의 말까지 잘 정리해서 메모하는 습관이 몸에 밴 학생이라면 대학에 들어가서도 헤매지 않고 능숙하게 노트를 작성할 수 있다.

반면에 칠판의 글만 그대로 베끼는 식으로 노트를 써 왔던 사람은 강의 중심으로 이뤄지는 대학교 수업에 들어가면 어안이 벙벙해진다. 교수가 판서를 하지 않으니 노트에 옮겨 적을 내용이 없다고 생각하는 것이다. 대학교 강의에서는 중요하다고 생각되는 말이 있으면 스스로 알아서 메모하는 것이 당연하다. 그런데 요즘엔 교수가 꼭 기억해 두어야 할 내용이라고 확실히 말해 주지 않으면 손을 놓은 채 멍하니 수업을 듣는 학생들이 많다.

이렇게 대학에서도 자율적으로 메모하는 습관을 들이지 못한 사람들이 직장 생활을 시작하게 되면 문제는 더 커진다. 더 이상 친절하게 알려 주는 사람도 없고, 무엇이 중요한 내용이고 우선순위에 놓이는지 스스로 결정해 적어야 하기 때문이다. 요즘 기업들은 꼼꼼하고 정확하게 일을 처리하는 능력과 창의적인 능력 모두를 요구한다. 자기만의 스타일로 일의 순서를 정리하고 아이디어를 메모해 두는 '쓰기 능력'이 뒤떨어진다면 일을 자기 것으로 만들지 못하고 주어진 일만 하게 된다. 이는 회사뿐 아니라 자신의 인생에도 아무런 도움이 되지 않는다.

메모를 보면
정보처리 능력을 알 수 있다

앞서도 말했지만 도쿄 대학 합격생의 노트에는 칠판의 내용과 선생님의 말의 핵심이 보기 좋게 정리돼 있다고 한다. 나 역시 도쿄 대학 법학부를 다니던 시절, 동기들의 노트를 보며 빼어난 필기 실력에 깜짝 놀란 적이 많았다. 동기들의 노트는 정확하고 깔끔하게 정리 돼 있을 뿐만 아니라 구조가 잘 갖춰져 있었다.

여기서 구조를 갖췄다는 말은 무엇일까? 책을 예로 들어 설명하자면 내용이 장章, 절節, 항項과 같이 커다란 흐름에 따라 체계적으로 정리돼 있다는 말이다. 끝도 없이 문장을 줄줄이 늘어놓은 노트는 다시 들춰 볼 때 그 의미를 파악하기 어렵지만, 체계적인 구조를 갖춘 노트는 메모한 의도를 파악하기가 훨씬 수월하다.

보통 책은 맨 처음에 장 단위로 내용이 크게 나뉘고, 장 속에서 의미 단위마다 절로 나뉜 후 다시 여러 항목으로 나뉜다. 각각의 장, 절, 항에는 표제를 붙이는데 이 표제가 논리 정연하다면 내용을 읽기 전이라도 의미를 쉽게 파악할 수 있다. 수업 내용도 마찬가지다. 내 대학 동기들은 교수의 말을 무작정 옮겨 적지 않았고 먼저 이야기의 우선순위를 파악해서 노트 첫머리에 올 내용을 정하곤 했다. 그중에는 수업 내용을 글과 도표로 깔끔하게 정리하는 이들도 있었다. 그대로 참고서로 팔아도 될 법한 수준으로 말이다.

물론 강의를 들으면서 바로바로 정리하기가 힘들기 때문에 우선은 수업 내용을 두서없이 받아 적고 수업이 끝난 후 다시 구조를 갖춰 정리하는 방법도 있다. 하지만 동기들은 마치 그럴 겨를조차 없다는 듯 강의를 듣는 동시에 구조를 세워 노트에 정리했다. 나는 이들의 뛰어난 언어 능력과 정보처리 능력을 볼 때마다 감탄을 금치 못했다. 나는 주로 노트를 빌리는 쪽이었는데 당연히 잘 정리된 노트를 노렸다.

이렇게 구조를 갖춰 정리하는 능력은 대학 때뿐만 아니라 사회에 나가서도 그대로 활용할 수 있다. 내 동기들은 대학을 졸업하고 고위 공무원이 되거나 금융권에 취직했는데 이때도 자료를 만드는 일 등에서 그들의 기술을 유감없이 발휘했다. 애초에 도쿄 대학 법학부가 관료 양성 기구였다는 사실을 고려할 때 이곳 학생들은 빼어난 노트 쓰기 기술을 갖출 수밖에 없었을 것이다. 법학부 입학시험부터가 관료들에게 필요한 능력, 즉 법률 지식은 물론 무수한 언어 정보를 요약해서 핵심을 빠짐없이 이해한 후 이를 바탕으로 자신만의 의견을 구상해 내는 능력을 요구하기 때문이다.

도쿄 대학의 입학시험은 상당히 잘 만들어진 문제라고 평가받는다. 가령 언어 영역에서는 난해한 문장에 밑줄을 그어 놓고 그 문장을 알기 쉽게 설명하라는 문제 유형이 많다. 추상적인 문장을 구체적이면서도 누구나 쉽게 이해할 수 있는 언어로 바꿔 표현하는 것은 그 내용을 완벽히 이해한 사람만 할 수 있는 일이다. 수리 영역의 경우 답안지에 수식만 늘어놓아서는 안 되며 문제를 풀 때 적용한 논리를 말로 함께 풀어 서술해야 한다. 사회 영역 역시 논술을 중심으로 하는 문제들이 태반이다. 빈칸을 채우거나 키워드를 쓰는 단답형 문제처럼 암기력을 테스트하기보다, 지원자가 어느 정도의 언어 능력과 정보처리 능력을 갖췄는지를 중점적으로 평가하는 방식이다.

메모에 구조를 갖추면 이해가 쉽다

봄 신상품 판매 전략

2016. 12. 22.

1. 신상품 개요

    1-1. 신상품 투입 배경
- 작년에 테스트 삼아 판매했을 때 호평을 받으며 문의 쇄도
- 당사 주요 상품으로 육성
  제2의 간판 상품으로 키울 예정
  봄, 여름, 가을, 겨울 각기 다른 콘셉트를 내세운다

    1-2. 신상품의 특징
- 중독성 강한 상품
  강렬한 자극으로 중독되는 맛
- 다양성 증대
  상품 수 늘리고 매장에 코너 확보
  노년층부터 아이들에 이르기까지 폭넓은 연령에 대응할 예정

    1-3. 목표
- 전년 대비 150% 이상
- 목표를 달성하면 여름 신상품까지 이어 나갈 예정

2. 신상품 판매 전략

    2-1. 홍보 전략
- A 편의점과의 제휴
  시식회 개최-23개 구, 10개 점포에서 시식회 예정

    ✓ 점심과 저녁 무렵, 하루 2번 실시
    ✓ 타깃: 점심-주부, 노년층 / 저녁-학생, 직장 여성
- 점심은 가족 단위 소비자를 겨냥하여 상품 진열
- 저녁은 선호도가 뚜렷한 상품 진열

장   절   항

물론 학창 시절에 필기를 잘하고 성적이 좋았다고 해서 업무 능력도 반드시 뛰어나리란 보장은 없다. 공부를 잘하는 것과 일을 잘하는 것은 별개의 문제이기 때문이다. 장사를 한다고 해도 돈을 잘 벌려면 공부 머리와는 다른 수완이 필요하다. 그렇다 하더라도 대부분의 일은 정해진 기한까지 제대로 해내는 것이 기본이다. 때문에 전체 업무 중에서 스스로 통제 가능한 범위를 판별해 내고 순서를 정해 업무를 구체화하는 과정이 무척 중요하다. 그런 의미에서 체계적으로 메모하는 기술은 사회에 진출해서도 여러모로 도움이 된다.

메모에 대해 이런 인식을 갖고 있느냐 없느냐가 앞으로의 결과에 커다란 차이를 만든다. 효과적인 메모 기술을 익히는 데 앞서 메모가 사회생활에서 더욱 필요한 기술이라는 점을 꼭 인지하길 바란다.

03

그냥 쓰는 것과
'공격적인 메모'의 차이

앞서 강조했듯이 메모는 사회생활과 경력에 도움이 된다는 큰 장점을 갖고 있다. 나아가 메모는 근본적으로 두뇌 발달을 도와주는 막강한 기술이기도 하다. 쉽게 말해서 메모만 잘해도 머리가 좋아진다. 물론 머리가 좋아지려면 그저 막연히 적기만 해선 안 된다. 그보다 좀 더 공격적인 메모 기술이 필요하다.

첫째, 적극적으로 의식하며 메모해야 한다. 보통 메모하는 사람의 자세는 의식하는 정도에 따라 몇 가지로 단계를 나눌 수 있다. 예를 들어 누군가에게 20분 정도 이야기를 들려준 후 반대로 그 내용을 3분 정도로 정리해서 들려 달라고 하면 거의 대부분의 사람들은 당황해서 어쩔 줄 몰라 한다. 이야기를 시작하기 전에 미리 "메모해 가며 들어 달라."라고 말하면 일단 뭔가를 적긴 적는다. 하지만 메모를 봐도 괜찮으니 3분 길이로 내용을 정리해서 말해 달라고 갑자기 부탁하면 대개 알아듣기 힘든 소리를 하거나 도중에 말을 그만두고 만다.

이야기를 듣고 정보를 얻었다고 해도 필요할 때 사용하지 못하면 그 정보는 아무 쓸모도 없다. '그러고 보니 그런 말을 들어 본 것 같기도 하고….'와 같은 상태라면 결과적으로 듣지 않은 것과 매한가지다. 정보란 필요할 때 언제든 꺼내 쓸 수 있어야 하며 이 점이 무엇보다 중요하다. 이야기를 들으면서 '다음은 내가 말할 차례'라고 의식하며 적어야만 내용을 재생할 수 있다. 이것이 바로 수동적으로 메모하느냐, 적극적으로 메모하느냐의 차이다. 이야기를 듣는 자세에 따라 내용을 흡수하는 정도는 하늘과 땅 차이만큼 달라진다. 보통 사람들은 자신도 곧 발표를 해야 한다는 압박을 느낄 때 비로소 적극적인 자세가 되어 노트에 적는다.

수동적인 태도로는 아무리 메모를 열심히 해도 결코 그 효과를 볼 수 없다. 이야기를 들으며 메모할 때는 나중에 그 내용을 다시 누군가에게 들려주겠다는 의지를 갖고 적어야 한다. 실제로 메모한 내용을 가까운 지인 두 명 정도에게 들려주는 방법도 추천한다. '이

얘긴 누구누구에게 알려줘야겠다'라고 생각하며 메모를 하면 이해
도 잘될뿐더러 기억에 더욱 오래 남는다.

둘째, 듣고 있는 내용과 연관된 자신만의 경험을 함께 메모한
다. 들은 이야기를 그물이라고 치면, 그 그물로 자신의 경험이라는
바다에서 물고기를 건져 올린다고 상상하면 이해가 쉽다. '내게도
비슷한 일이 있었지'처럼 이야기를 들으면서 떠오르는 구체적인 에
피소드를 함께 메모하면 된다. 즉, 객관적 정보와 주관적 정보를 함
께 메모하는 것이다. 이 방법은 동시에 두 가지 작업을 하는 셈이라
익숙하지 않은 사람에겐 꽤 어렵게 느껴진다. 하지만 복잡하고 어
려운 만큼 두뇌 발달에 더욱 도움이 된다.

머리가 좋다는 말은 문맥을 이해하는 능력이 뛰어나다는 뜻이
며 감춰진 실질적인 의미를 간파하는 능력이 있다는 뜻이다. 추상
적인 상황까지도 문맥에 맞춰 구체적으로 설명해 내는 능력은 매우
중요한 자질이다. 그런 능력을 갖추기 위해서는 평소에도 예를 들
거나 비슷한 경우를 찾아 설명하는 습관을 들이면 좋다. 더불어 순
간순간 정보들을 연결하는 연습도 많은 도움이 된다.

이 모든 연습은 메모 하나로 가능하다. 그리고 이렇게 생각을
문자화하는 훈련을 통해 머리는 얼마든지 좋아질 수 있다.

04

'노트 만들기'의 함정에
빠지지 마라

노트나 수첩에 뭔가를 끊임없이 쓰는데도 공부가 잘되지 않거나 업무를 효율적으로 하지 못하는 사람이 있다. 그런 경우 메모에 아무리 시간을 투자해도 문제가 해결되지 않는다. 오히려 금쪽같은 시간만 낭비하는 꼴이 된다.

대학생 때 나는 두껍기 짝이 없는 헌법, 형법 교과서를 몇 개월에 걸쳐 노트에 옮겨 쓴 적이 있었다. 하지만 결국 어리석은 짓이었다고 학기 내내 후회했다. 결국 그 노트는 내팽개친 채 교과서만 들고 시험을 보러 가곤 했다. 책의 여백에 필요한 내용을 직접 써 넣으니 노트보다 책이 훨씬 유용했다. 물론 손으로 옮겨 적으면서 머릿속에 남은 내용도 있었겠지만 너무 효율성이 떨어지는 작업이었다. 좋은 교재가 있다면 교재를 노트 삼아 삼색 볼펜으로 책에 직접 메모하거나, 목차만 확대 복사해서 그 종이에 수업 내용을 정리하는 편이 훨씬 효율적이라는 사실을 그때 깨달았다.

대개 안 되는 사람들은 '노트를 만드는 일'에 빠져드는 경향이 있는데 나 또한 그 패턴에 고스란히 빠졌던 것이다. 보통 성실한 사람들이 쉽게 걸려드는 함정으로, 이들은 자기도 모르게 열중해서 노트 만들기 작업을 반복한다. 이때 노트 만들기는 일종의 방패막이다. 보통 노트에 뭔가를 열심히 적고 있으면 주위에서 다음과 같은 반응을 보인다. '공부하는 거니?', '참 열심히 하는구나!' 이런 긍정적인 반응을 접하다 보면 실력이 늘지 않아도 스스로 만족하게 된다.

그러나 메모를 하는 근본적인 목적은 실력 향상이다. 막연히 옮겨 적거나 노트를 만드는 일 자체에 집중하면 실력 향상으로 이어지지 않아도 뭔가 핑곗거리가 생긴다. 노트 위에서 생각 없이 손을 놀리는 작업을 반복할 때 우리의 뇌는 절실한 욕구를 느끼지 못한다. 뇌의 반응은 소극적이고 뭔가를 받아들이기에 적합한 상태가 아니다. 눈과 손이 왼쪽으로 갔다 오른쪽으로 갔다, 글자를 따라 건성건성 움직이고 있을 뿐이다. 실력을 키우는 데 효과적인 메모 기술이 무엇일지 좀 더 머리를 써서 고민하고 방법을 찾아내 '나만의 체계'를 만들어 가야 한다.

수학이든 영어든 답을 내기 위해서는 문제의 구조를 파악하고 그에 따른 유형과 해법을 차곡차곡 쌓아 가야 한다. 가령 평면도형 문제에는 몇 가지 전형적인 유형이 있고 그에 따라 각각 다른 해법이 존재한다. 메모는 바로 이런 내용을 정리해서 적는 것이다. 해법을 꾸준히 축적해 두면 난관을 만났을 때 침착하게 대처할 수 있다. 복잡한 문제라도 여러 가지 해법을 조합해 얼마든지 해결이 가능하다. 게다가 방법을 알고 있다는 자신감 덕분에 패닉에 빠질 위험도 줄어든다.

이는 회사에서 일을 할 때도 마찬가지다. 메모를 통해 나만의 해법을 쌓아 가다 보면 어떤 복잡한 문제를 만나도 이성적으로 대처할 수 있다. 그리고 여기서 성공하거나 실패한 경험은 다시 메모를 통해 온전히 나만의 재산이 된다.

05

수학자가 종이에
수식을 푸는 이유

나는 학생들에게 '생각하는 것과 손으로 쓰는 것은 동일하다'고 늘 강조한다. 예를 들어 어떤 문제를 주고 의견을 내보라고 하면 대부분의 학생들은 시선을 위로 올려 뭔가를 생각하는 자세를 취한다. 그 모습을 볼 때마다 나는 이렇게 충고한다.

"위를 보고 있는 동안은 생각하는 게 아닙니다. 천장을 보지 말고 종이에 써 보세요. 항목을 나눠도 좋고 그림을 그려도 좋습니다. 뭐든 괜찮으니까 아이디어가 떠오르는 대로 적어 보세요. 손이 멈췄다는 건 생각을 안 하는 것과 마찬가집니다."

사람마다 개인차는 있겠지만 머리와 손이 서로 연결되어 있다는 것은 주지의 사실이다. 머리로만 떠올릴 경우 여러 가지 생각이 맴돌다 보니 해답을 향해 나아가지 못한다. 그렇게 머리로만 어렴풋이 하는 생각과 고민은 결코 깊이 있는 사고로 나아가지 못한다.

언젠가 한 잡지에서 '종이'에 관한 칼럼을 발견했다. 수학자이자 오차노미즈 여자대학교의 후지와라 마사히코藤原正彦 명예교수가 쓴 칼럼인데 다음과 같은 내용이었다.

"어느 대학이든 수학과에는 종이 100장 정도를 철해 놓은 종이 뭉치가 놓여 있는데 이걸 '패드'pad 라고 부른다. 우리는 언제나 이 패드 위에 계산을 하거나 아이디어를 기록한다. 수학과에서는 패드가 없으면 일이 진행되지 않는다."

보통 수학자라고 하면 컴퓨터나 계산기 등을 가지고 굉장히 수준 높은 작업을 할 것이라고 생각했는데, 흔하디흔한 종이가 수학자에게 필수라는 말에 적잖이 놀랐던 기억이 난다. 문학자로도 유명한 후지와라 교수는 초고를 쓸 때도 원고지에 직접 쓴다고 한다. 여러 학문 중에서 가장 동떨어져 있다고 해도 과언이 아닌 수학과 문학이 모두 종이 위에서 생각을 발전시킨다는 공통점을 갖고 있었다. 바로 여기서 쓰는 행위의 본질이 드러난다.

후지와라 교수는 종이 한 장과 펜 한 자루만 있으면 어디서든 일을 할 수 있다고 했다. 결국 장비보다 그와 같은 사고 능력을 갖추는 일이 가장 중요한 것이다. 다만 종이(패드)와 펜이 없으면 생각의 구체화도 불가능하다. 패드 위에 계산하는 것은 일종의 메모나 다름없으므로 다시 한번 메모의 중요성을 알게 되는 대목이다. 나 역시 머릿속으로만 생각하다 보면 아이디어가 맴돌다 흐지부지 사라져버리기 일쑤다. 문자로 표현하지 않는 한 생각은 앞으로 나아가기 힘들다.

좋은 아이디어를 떠올리기 위해서는 계속 끝없이 사고해야 한다. 이때 머릿속에 떠오르는 생각들을 발전시키려면 결국 쓰는 수밖에 없다. 종이에 생각을 써 내려가면 복잡하던 머릿속이 점점 명쾌해지고 생각을 문자화하면서 뇌가 자극을 받아 사고력도 한층 성장한다.

이렇듯 생각의 발전과 손으로 쓰는 행위는 결코 무관하지 않다. 이런 사실을 알고 있어도 꾸준히 메모를 하는 일은 마음먹은 것처럼 쉽지 않다. 하지만 일단 습관으로 만들어 놓으면 그 어떤 것보다 당신의 인생에 큰 변화를 가져올 수 있는 강력한 도구이기도 하다.

06

첨단의 시대에 더욱 필요한
아날로그 메모

다행히도 최근 직장인들 사이에서 메모하기나 쓰기의 가치가 재평가되는 분위기다. 다양한 첨단 도구를 능숙하게 다루게 되면서 현대인들은 스스로 똑똑해졌다고 생각했지만 사실 달라진 건 아무것도 없었다. 어쩌면 사람들은 이런 첨단의 시대가 제공하는 편리한 도구들이 오히려 사고력을 약화시킨다는 사실을 자각한 게 아닐까?

컴퓨터와 소프트웨어의 발달로 우리는 쉽게 문서를 만들고 도표를 그릴 수 있게 됐다. 그 편리함과 뛰어난 결과물에는 감탄하지 않을 수 없다. 하지만 제아무리 뛰어난 자료를 만들 수 있다고 해도 그것이 한 사람의 모든 업무 능력을 보장하지는 않는다. 특히 중요한 의사결정을 내려야 할 때 뛰어난 컴퓨터 활용 능력은 큰 도움이 되지 않는다. 결국 현대인이 나만의 승부수로 사용할 만한 무기는 그리 많지 않은 셈이다.

이처럼 도구는 도구일 뿐이라고 깨달은 사람들이 다시 기본으로 돌아가려는 움직임을 보이고 있다. 《논어》 같은 고전이 재조명을 받는 현상도 이와 무관하지 않다고 본다. 어쨌든 지금처럼 메모하기의 진가가 재평가되는 분위기는 참으로 환영할 만하다. 다만 아직도 대다수의 사람들이 형식에만 신경 쓰거나 메모에 대해 너무 많은 고정관념을 가지고 있는 것 같아 안타깝다. 그런 생각에 얽매이지 말고 자유롭게 접근했으면 좋겠다. 형식에 휘둘리다가는 본질을 잃어버리기 쉽다.

중요한 점은 '종이 위에 써 가면서 자신의 생각을 펼칠 수 있느냐'는 점이다. 궁극적으로 종이와 펜만 있으면 되는 문제다. 종이 위에 써 가며 생각하는 습관을 들이면 '쓰면서 생각하는 일'이 마치 기술처럼 몸에 익게 된다. 즉, 반복적인 훈련이 습관이 되고 나중에는 자신만의 메모 방법을 확립할 수 있게 되는 것이다. 쓰면서 생각하기를 기술로 익혔는지 여부는 메모한 것을 살펴보면 바로 파악할 수 있다.

물론 모든 생각을 항상 적어 놓을 필요는 없다. 하지만 많은 경우에 '바로 이거다!' 싶은 내용은 메모해 두지 않으면 눈 깜빡할 새 잊어버리고 만다. 그리고 고민의 성과는 문자로 옮겨야 나중에도 활용할 수 있다. 예를 들어 '지금 무슨 생각을 합니까?'라는 질문에 '○○라는 주제에 대해 생각해 봤는데 가설은 첫째 무엇, 둘째 무엇, 셋째 무엇 세 가지고 현재 상태는 어떻다'라는 식으로 막힘없이 대답할 수 있으려면 머릿속으로만 생각해서는 안 된다. 노트에 생각을 체계적으로 메모해 두어야 생각도 분명해지고 다시 찾아볼 수도 있다. 사고하고 판단하는 능력에 손으로 쓰는 행위가 어떤 기여를 하는지 다시 한번 염두에 두길 바란다.

07
컴퓨터를 뛰어넘는
손 메모만의 장점

요즘 사람들은 스마트폰이나 컴퓨터 같은 편리한 도구들과 일상을 함께한다. 그렇다 보니 전과 같이 손으로 직접 글자를 쓰는 일은 점점 줄고 있다. 게다가 인터넷 상에서 쓰이는 줄임말의 남용, 한 글자만 써도 알아서 전체 단어를 보여 주는 '자동완성기능'이 일상이 되면서 기본적인 맞춤법조차 알지 못하는 사람들이 점점 늘어나는 추세다.

줄임말을 남용하거나 맞춤법을 제대로 알지 못하고 글을 쓰면 본래의 의미를 잘 드러내지 못할 뿐 아니라 머릿속에서도 명확한 사고를 하기 힘들다. 일상에서 사용하는 입말은 맞춤법이 약간 틀리거나 줄임말을 써도 상대방이 이해하면 넘어갈 수 있다. 하지만 글말은 쓰는 사람의 뇌와 연결돼 점점 더 잘못된 말과 의미로 변질되기 쉽다. 본래 언어의 위력은 말보다 문자, 그중에서도 특히 글말 쪽이 세다. 때문에 글말이 서툴면 추상적인 개념을 이해하고 명확한 사고를 하기가 어렵다.

이처럼 쓰기 능력의 저하는 사고력의 저하로 이어진다. 혹자는 스마트폰이나 컴퓨터의 메모 기능을 이용해 아이디어를 기록하고 저장하면 되지 않느냐고 반문할지 모른다. 하지만 나는 손으로 직접 쓰는 것을 추천한다. 손으로 쓰는 편이 훨씬 자유롭기 때문이다. 노트의 빈 공간이라면 오른쪽으로 갔다 왼쪽으로 갔다 어디로든 움직이면서 단어끼리 선을 긋거나 도표도 곁들이며 자유자재로 아이디어를 펼칠 수 있다.

게다가 손으로 쓰는 행위는 뇌의 활성화에도 도움을 준다. 《도쿄대 합격생 노트 비법》에는 흥미로운 실험 결과 하나가 실려 있는데, 수업 시간에 학생들을 세 그룹으로 나눠 각기 다른 방식으로 수업 내용을 기록하게 한 후 각 그룹의 뇌 상태를 살펴보는 실험이었다. 첫 번째 그룹은 판서와 교수의 설명을 노트에 적게 했고, 두 번째 그룹은 판서만을 노트에 옮겨 적게 했다. 마지막 그룹은 판서와 교수의 설명을 키보드로 타이핑하여 기록하게 했다.

메모의 3단계

판서 중·고등학생 단계
- 칠판에 선생님이 쓴 내용을 그대로 옮겨 씀

구조화 도쿄 대학교 학생 단계
- 판서 내용과 교수의 강의에서 중요한 포인트를 함께 메모함
- 내용을 한눈에 알아볼 수 있도록 정리함
- 대충 메모해 두고 수업이 끝나고 나서 다시 정리할 수 있음

기술화 상급자 단계
- 중요한 내용은 바로바로 메모함
- 포인트를 세 가지로 추려 적음
- 객관적 정보와 주관적 정보(의견 및 감상)를 함께 메모함

사회인은 이 단계를 목표로 삼자!

실험 결과 판서와 설명을 노트에 적은 첫 번째 그룹이 가장 뇌가 활성화됐다. 그다음은 판서만 손으로 옮겨 적은 두 번째 그룹이었고, 판서와 설명을 키보드로 타이핑한 세 번째 그룹이 가장 뇌가 덜 활성화됐다. 짐작한 대로이자 수긍이 가는 결과였다. 실험에 포함되지는 않았지만 판서 내용만을 타이핑하는 방식도 추가했다면 아마 뇌의 움직임은 더욱 잠잠했을 것이다.

손으로 쓰는 메모는
뇌를 더 활성화시킨다

손으로 메모를 하다 보면 컴퓨터에 문자를 입력할 때보다 뇌에 부하가 많이 걸린다. 글자의 배치도 스스로 정해야 하고 이야기를 이해한 후 어느 정도 구조를 만들어 가며 내용을 정리해야 하기 때문이다. 반면에 컴퓨터에 입력할 때는 눈과 귀를 통해 들어온 정보가 손끝으로 빠져나가는 느낌이 든다. 정보가 저장된다기보다 그냥 뇌를 스쳐 지나가는 기분이다. 키보드 위의 글자와 모니터에 뜨는 글자는 물리적으로 분리돼 있기 때문에 들어온 정보와 컴퓨터 속 출력물이 마치 별개의 요소처럼 느껴진다. 이처럼 들리는 말을 아무여과 없이 그대로 적는 행위는 메모라기보다는 '작업'에 가깝다. 컴퓨터에 문자를 입력할 때는 이 같은 작업에 몰두하게 된다.

이와 비슷한 작업으로 속기술이 있다. 속기사는 손으로 직접 쓰긴 하지만 말의 내용을 이해하고 쓴다기보다는 들리는 말 그대로를 종이에 옮겨 적을 뿐이다. 그들은 오로지 말하는 사람의 말을 정확하게 받아 적는 일에 집중한다. 따라서 속기술은 받아쓰기에는 도움이 될지언정 뇌의 활성화와는 관련이 없다.

컴퓨터는 정보를 정리하거나 보관하는 데 편리한 도구다. 긴 문장도 키보드로 입력하면 빠르게 쓸 수 있고 수정하기도 훨씬 쉽다. 그뿐인가. 복잡한 계산도 순식간에 해치우며 표와 그래프를 만들 때도 매우 유용하다. 하지만 컴퓨터가 마치 자신의 두뇌인 양 착각하는 일은 경계해야 한다. 컴퓨터를 사용하다 보면 단순히 컴퓨터에 정보를 입력한 것만으로 만족하거나, 정보를 저장해 놓고는 어쩐지 머리가 좋아진 것 같은 착각에 빠지기도 한다. 좋은 골프 장비를 구입한 사람이 치기도 전에 벌써 실력이 향상된 듯한 기분을 느끼는 것과 마찬가지다. 그러나 컴퓨터는 결코 우리의 뇌가 될 수 없다.

생산적이고 창의적인 사고가 필요한 경우라면 컴퓨터를 사용해서는 안 된다. 중요한 의사결정을 해야 할 때일수록 손으로 직접 써 가며 생각하는 방법을 택해야 한다.

08

메모로 스트레스를
관리할 수 있다

메모를 하는 것은 일과 공부뿐 아니라 현대인의 정신과 마음의 건
강에도 도움이 된다. 예전에 회사에 너무 가기 싫어하는 한 청년에
게 무엇이 왜 싫은지 종이에 조목조목 적어 보라고 조언한 적이 있
었다. 그 청년은 내 말을 듣고 실제로 불만스러운 점들을 하나하나
적어 가다 보니 그전보다 훨씬 마음이 편해졌다고 나중에 이야기를
전해 왔다.

정체를 알 수 없는 불안을 느낄 때 우리는 가장 괴로워한다. 그
러나 불안을 느끼는 이유를 구체적으로 써 내려가면 막연한 느낌의

정체가 드러나면서 불안을 야기했던 요소들이 그다지 대수롭지 않게 여겨진다. 이처럼 마음속 답답한 뭔가를 글로 표출하는 일은 상당히 건설적인 행위다. 글을 씀으로 해서 마음이 개운해지고 다시 앞으로 나아갈 수 있다. 물론 똑같이 쓰는 행위라도 '스트레스 해소 세미나' 같은 곳에 가서 강사가 시키는 대로 따라 하는 것은 별로 도움이 되지 않는다. 자신의 고민과 마음을 구체적으로 살피기보다는 일반적인 스트레스 해소법을 따라가느라 바쁘다. 글로 쓰는 행위를 통해 심리적인 안정을 구하고자 할 때는 적어도 그 순간만큼은 자신과 진지하게 마주보려는 자세가 필요하다.

요즘은 블로그나 페이스북에 글을 쓰는 사람이 많지만 그보다는 손으로 직접 쓰는 것이 주는 힘을 체험한 사람들이 늘어나면서 일기 쓰기가 다시 유행하고 있다. 다양한 콘셉트의 다이어리와 질문에 대한 대답을 적는 Q&A 책들이 잘 팔리는 이유도 이 때문이다. 일기 역시 일종의 메모다. 일기를 쓰다 보면 자신을 돌아보는 시간을 갖게 되면서 복잡했던 마음이 정리된다. 요즘 같은 스트레스 환경에서는 특히 정신 건강을 위해 이런 작업이 필요하다.

일기는 원래 쓰고 읽는 주체가 자기 자신이다. 그래서 일기를 쓰다 보면 자신을 더욱 깊이 들여다보게 되고 쓴 내용을 다시 읽으며 어느덧 자신을 객관적으로 바라보게 된다. 일과 인생에서 성공하려면 자신을 긍정적으로 바라보는 태도와 객관적으로 평가하는 태도 사이에서 균형을 잡아야 한다. 너무 객관적인 시선만 유지하면 성공하고자 하는 욕구가 쉬이 생기지 않고 자신감이 떨어질 수 있다. 그러면 개인의 능력과 기세가 모두 약해진다. 반대로, 자신을 너무 긍정적으로 바라본 나머지 객관적 시선이 결여된 상태도 바람직하지 않다. 20대까지는 무한한 자기 긍정도 어느 정도 봐줄 만하지만 나이가 들어서도 지나치게 긍정적이면 주변의 시선이 썩 좋지만은 않을 것이다.

메모는 자기 긍정적 태도와 객관적 태도를 동시에 키울 수 있는 수단이다. 메모를 습관화할수록 자신에 대해 객관적인 평가를 하게 되고 스스로 긍정하는 능력이 샘솟는다. 생각을 진전시키고 발전적인 사고를 촉진시키는 것도 모자라 마음까지 건강하게 해 준다니, 이런 도구를 활용하지 않는 것은 어리석은 일이다. 우리의 일상에 메모를 적극적으로 끌어들여 일의 성공은 물론 마음까지 건강하게 가꾸도록 하자.

제2장

나만의 경쟁력을
높여 주는
메모 습관의 힘

01

새로운 시대가 요구하는
수렵형 인간이 된다

제1장에서 도쿄 대학 합격생들의 메모 기술에 대해 언급했다. 덧붙이자면 이들은 학창 시절부터 꾸준히 메모 기술을 훈련해 왔기 때문에 글씨를 빠르면서도 정갈하게 잘 쓴다. 하지만 성인이 되어서까지 메모를 정갈하게 쓰려고 애쓸 필요는 없다.

메모 습관을 들이는 데 글씨가 예쁘고 말고는 아무런 관련이 없다. 도쿄 대학 학생들의 노트처럼 깔끔하지 않아도 된다. 평소 내가 쓰는 노트를 보면 알겠지만 무척 지저분하다. 그래도 상관없다. 뭔가를 쓰는 행위 그 자체와 무엇을 적느냐가 중요하다. 수험 공부처럼 수업 내용을 정리한 것을 다시 보며 되새기는 경우라면 확실히 글씨가 정갈한 편이 좀 더 유리하겠다. 지저분한 메모를 계속 보면서 공부하고 싶지는 않을 테니 말이다. 하지만 '업무에 필요한 메모'는 다르다. 그저 쓴 내용을 반복해서 보는 것만으로는 의미가 없다. 새로운 아이디어가 곧 성과와 이익으로 이어지기 때문에 창의적인 사고를 할 수 있는 여건을 만드는 일이 중요하다.

보통 창의력을 발휘해야 할 때의 두뇌와 글씨를 깔끔하게 쓸 때의 두뇌는 그 상태가 엄연히 다르다. 나의 경우 글씨를 정자로 바르게 쓸 때보다 아무렇게나 휘갈겨 쓸 때 뇌의 긴장이 좀 더 풀리는지 아이디어가 잘 떠오른다. 이는 개인차가 있으므로 어느 쪽이 정답이라고 할 수는 없지만 적어도 예쁘게 쓰기가 메모의 목적이 되어서는 안 된다. 학생 때처럼 남이 하는 말을 깨끗이 옮겨 적는 데 그쳐서는 살아남기 힘들다. 비즈니스의 세계는 적극적이고 공격적이지 않으면 살아남을 수 없는 전쟁터나 마찬가지다.

비유하자면 우리가 사회에 나가 맡게 되는 업무는 크게 '수렵형 업무'와 '농업형 업무'로 나뉜다. 농업형 업무란 작년에 했던 일을 올해도 동일한 방식으로 수행하는 업무를 말한다. 카운터에서 직원이 금액을 정확하게 입력하거나 주문을 실수 없이 전달하는 일이 여기에 해당한다. 이런 농업형 업무는 점점 아르바이트나 자동화 기기의 영역으로 바뀌고 있다. 앞으로는 이런 업무보다는 다음에 설명할 수렵형 업무를 수행할 수 있어야 미래에 살아남는 고급 인력이 될 수 있다.

수렵형 업무는 말 그대로 드넓은 초원에서 먹잇감을 찾아 나서듯이 적극적으로 일거리를 찾아 나서는 업무를 말한다. 사냥에 성공하기 위해서는 사냥감을 포착하고자 하는 적극성과 공격성이 반드시 필요하다. 한 예로, 택시를 자주 타다 보면 비교적 반복적인 일이 많아 보이는 택시 기사들 사이에도 분명 수준 차이가 존재한다는 사실을 알게 된다. 지름길을 잘 알거나 인사하는 방식이 남다르고 손님과 기분 좋게 이야기하는 기사가 있는 반면, 롯폰기 힐스(도쿄의 명소로 손꼽히는 초고층 주상 복합 단지이자 복합 문화 공간─옮긴이)가 어디에 있냐고 손님에게 되묻는 기사도 있다.

택시 기사라고 매일 손님을 태우기만 하면 된다는 생각으로 일을 하다 보면 점점 일이 괴로워진다. 반면에 하루하루 일을 즐겁게, 더 잘하려는 의욕이 가득한 택시 기사는 항상 지금보다 더 발전할 수 있는 방법을 궁리한다. 나름대로 아이디어를 짜내 더 빠른 길을 탐색하기도 하고 재미있는 대화 소재를 고민하기도 한다. 이런 사소한 노력들이 모여 결국에는 큰 차이를 만들어 낸다.

창의적인 아이디어는 어느 날 갑자기 번뜩 떠오르는 것이라고 생각하는 사람들이 많지만 사실은 그렇지 않다. 사소한 깨달음과 깊이 있는 생각들이 차곡차곡 쌓여 쓸 만한 아이디어로 발전하는 것이다. 메이저리그에서 활약하는 야구 선수 스즈키 이치로가 했던 유명한 말이 있다.

"매일 사소한 노력을 쌓아 가다 보면 언젠가 그 노력이 믿을 수 없는 힘을 발휘하게 된다."

이 말은 스타 운동선수뿐 아니라 우리와 같은 일반인들에게도 고스란히 적용된다. 성공으로 나아가는 유일한 길은 사소한 깨달음과 생각들을 쌓아 가는 것이다. 그런 작은 노력들이 쌓여 뛰어난 아이디어가 나오고 문제 해결의 돌파구가 되어 준다. 그러면 그런 깨달음과 생각들을 효과적으로 축적할 수 있는 수단은 무엇일까? 바로 메모다. 막연한 뭔가를 파악하기 위해 생각을 기록하다 보면 결과적으로 깨달은 내용이나 고민의 흔적들이 노트에 차곡차곡 쌓여 간다. 이렇게 기록하는 습관은 세계적으로 뛰어난 인재들도 인정하는 확실한 무기다.

02

정보 흡수 능력이
극대화된다

앞서 메모는 사회인에게 더 필요한 기술이라고 이야기했다. 두뇌를 활성화해 창의적인 아이디어를 내는 데, 넘쳐 나는 정보를 내 것으로 만들고 빛의 속도로 변화하는 시대와 연결되는 데 메모는 반드시 필요하고 중요한 기술이다. 실제로 메모를 하며 생각을 정리하는 일을 습관화하면 다음과 같은 효과를 볼 수 있다.

1. 정보의 흡수도 증가
2. 업무 능력의 향상

3. 실수와 오류의 감소

4. 원활한 커뮤니케이션 가능

5. 효율적인 시간 활용

6. 목표 달성

이제 메모의 장점을 항목별로 자세히 살펴보자.

첫 번째는 바로 정보의 흡수도가 증가한다는 것이다. 사실 정보를 흡수하는 정도는 내가 의욕이 있느냐 없느냐 집중을 하느냐 하지 않느냐에 따라 확연히 달라진다. 하지만 항상 의욕적인 자세를 유지하기란 매우 어렵다. 무리하지 않고 의욕을 유지하려면 메모의 도움을 받는 것이 좋다. 또한 우리는 어떤 상황이 반복되다 보면 다시 그 상황이 닥쳤을 때 몸이든 마음이든 자연스레 익숙한 자세를 취하는 경향이 있다. 이런 자세는 메모를 통해 얼마든지 변화시키고 만들어 낼 수 있다.

이를테면 나는 집중해서 글을 써야 할 때마다 현재 몰두하고 있는 주제와 관련된 책들을 책상 주변에 빙 둘러쌓아 일부러 좁은 공간을 만든다. 마치 비행기 조종석에 앉아 있는 듯한 환경인데, 집중해서 일해야 할 때 써먹는 나만의 준비 자세다. 일단 환경을 만들어 두면 그다지 힘들이지 않고 자연스레 집중하는 모드로 돌입할 수 있다.

이와 비슷한 원리로 상대의 말을 적극적으로 듣기 위해 메모를 활용할 수 있다. 내 이야기와 상대방의 이야기를 메모하면 대화에 의욕적으로 참여하는 자세를 자연스럽게 갖출 수 있다. 이야기를 듣는 사람의 상태를 아주 수동적인 자세부터 굉장히 의욕적인 자세까지 1~10단계로 구분한다고 가정해 보자. 일상적으로 대화를 나눌 때는 보통 수동적인 자세로 듣게 되므로 1~5단계에 해당한다. 그런데 여기에 메모를 하는 행동만 추가해도 6~7단계로 수준이 훌쩍 상승한다. 너무 졸려서 1단계의 수동적인 태도밖에 보이지 않던 사람이라도 메모를 하는 순간 단숨에 6단계로 올라갈 수 있다.

메모는 원래 의욕이 없었어도 자동적으로 의욕적인 자세를 갖추도록 해 준다. 만일 상대가 내 말을 적극적으로 들어주길 바란다면 어떤 다른 요청보다 메모하며 들어 달라고 부탁하는 것이 가장 좋다.

메모는 외부 세계와
내부 세계를 잇는 연결 고리

수많은 메모를 노트에 써 왔지만 특히 기억에 남는 노트가 하나 있다. 정신적으로 힘들고 지칠 때 일기처럼 마음을 털어놓는 노트로, 여기에 영화 감상이나 읽었던 책에 대한 느낌도 함께 적어 놓곤 했다. 영화나 책은 나의 외부에 존재하는 하나의 객관적인 정보다. 메모를 할 때는 이런 객관적인 정보뿐만 아니라 그것을 접했을 때 나의 느낌과 인상을 동시에 기록해 둔다. 그러다 보면 나를 둘러싼 외부 세계와 내부 세계 사이에 '연결 고리'가 생긴다. 이 연결 고리는 무척 중요하다. 내가 이 세상에 존재한다는 사실을 확실히 자각하게 해 주기 때문이다.

메모는 외부와 내부 세계의 연결 고리를 만들어 준다. 우리를 둘러싼 환경은 점점 복잡하고 다양해지고 있으며 그에 따라 유입되는 정보의 양도 하루가 다르게 늘어나고 있다. 이런 상황에 익숙해지면 정보가 증가하는 현상을 마치 연결 고리가 증가하는 것으로 착각하기 쉬운데 사실은 그렇지 않다. 현대 사회는 정보 포화의 시대다. 넘쳐 나는 정보 때문에 영양가 있는 정보를 소화하고 싶어도 과부하가 걸려 뇌가 움직이지 않을 정도다. 그렇기 때문에 메모의 필요성은 한층 부각된다. 메모를 하면, 즉 생각을 글로 표현하면 뇌의 정보 흡수 능력을 끌어올릴 수 있다. 마치 몸을 사용하는 요가가 사람의 몸을 건강하고 민감한 상태로 유지시키듯이 메모는 우리의 뇌와 감성을 예민하게 유지시킨다.

현대인은 정보의 홍수 속에서 살고 있지만 그만큼 정보를 활용하며 살고 있지는 않다. 정보를 내재화하는 과정이 부족하기 때문이다. 마치 물에 뜨지도 못하는 사람이 헤엄을 쳐 보겠다며 수영하는 방법만 주야장천 검색하는 것이나 마찬가지다. 이런저런 정보에 현혹되고만 있을 뿐 막상 물에 들어가면 1미터도 나아갈 수 없다. 그렇다고 처음부터 무작정 물에 뛰어드는 것은 효율성이 떨어질 뿐 아니라 자칫 위험할 수도 있다. 무엇이든 이론을 알고 실천으로 옮기는 것이 가장 효율적인 수순이다. 따라서 정보를 흡수하고 이를 내재화해 행동으로 옮기는 과정이 동시에 이뤄져야 한다. 이는 외부 세계와 내부 세계의 연결 고리를 만드는 일이기도 하다.

메모는 객관적 정보를 주관적 이해로 옮기는 적극적인 행위로서 외부와 내부 세계의 연결 고리를 만들어 준다. 디지털 사회를 살아가면서 손으로 쓰는 메모와 같은 아날로그 도구를 사용한다는 것은 언뜻 모순돼 보이지만, 바로 그렇기 때문에 메모는 우리 인간과 현대 사회를 이어 주는 중요한 연결 고리가 된다.

03.

잘나가는 사람들의
노하우가 내 것이 된다

메모가 주는 두 번째 장점은 유능한 사람들의 노하우를 내 것으로 만들어 업무 능력을 향상시킬 수 있다는 것이다. 흔히 '노하우를 훔친다'고 하는데 이는 언어로 표현된 지식 외에 타인의 기술이나 특기를 관찰해서 그 핵심을 파악하고 자기 것으로 만드는 행위를 뜻한다. 노하우는 오랜 학습과 경험으로 형성된 지식이기에 쉽게 공유하기가 힘들다. 이런 노하우를 파악하고 소화하려는 노력은 아주 의미 있는 일이다.

사실 업무에 임할 때는 이렇게 노하우를 훔치는 것과 같은 적극적인 태도를 가져야 눈부신 성장을 기대할 수 있다. 무엇이든 누군가 가르쳐 주길 바라며 살아온 사람은 좀처럼 노하우를 훔치려는 적극적인 태도를 보이지 않는다. 학창 시절을 떠올려 보면 음악이나 스포츠 분야에서는 그래도 뛰어난 선배들의 노하우를 배우려는 풍토가 있었다. 하지만 안타깝게도 이 분야에 속한 학생들 대부분은 메모할 생각을 하지 않았다. 눈으로만 관찰해서 이렇다 저렇다 파악하는 식이었다. 반면 예체능을 제외한 학문 분야에서는 노하우를 알아내고자 하는 의지가 없어도 일단 노트에 적고 보는 분위기였다. 결국 양쪽 모두 메모의 장점을 살리지 못한 경우였다.

사회에 진출하고 일을 시작하면 타인의 노하우를 훔치는 일은 필수 과제다. '누군가 가르쳐 주겠지' 하는 수동적인 자세가 아니라 남이 가진 노하우를 내 것으로 만들겠다는 각오로 업무에 임해야 한다. 주변에 일 잘하는 사람을 관찰하면서 그의 노하우를 메모해 보자.

여기서 노하우를 훔친다는 말은 절대 부정적인 의미가 아니다. 타인의 기술과 경험을 나의 발전을 위한 힌트로 삼는다는 뜻이다. 표절의 천재였던 화가 파블로 피카소는 노하우를 훔치는 방식으로 성공을 거둔 대표적 인물이다. 피카소는 이름 없는 화가에게서도 영감과 힌트를 얻어 자신의 작품에 녹여냈다. 그는 "소재의 실마리만 발견하면 내가 훨씬 더 뛰어난 작품을 완성할 수 있다."라고 말하

곤 했다. 그는 다른 이들의 노하우를 훔쳐 자기만의 스타일로 재해
석하는 과정을 거듭했기 때문에 최고의 반열에 오를 수 있었던 것
이다.

롤모델을 넘어서는
나만의 트레이닝 매뉴얼

. . . .

'저 사람은 왜 일을 잘할까?' 싶은 생각이 든다면 그 사람을 관찰해
노트에 기록해 보자. 그렇게 다른 사람의 노하우를 관찰하고 메모
하는 일이 습관으로 굳어지면 어느새 업무 능력을 향상시키기 위한
나만의 '트레이닝 파일'이 완성돼 있을 것이다.

　　수많은 경험에서 비롯된 타인의 노하우를 자신의 언어로 기록
하기를 반복하다 보면 노하우를 파악하는 나름의 관점이 확립된다.
나아가 롤모델로 삼은 사람과 비슷한 수준이 되려면 앞으로 어떤 단
계를 밟아야 하는지 마치 트레이닝 매뉴얼을 짜듯이 계획을 세울 수
있다. 물론 트레이닝 매뉴얼이 반드시 효과가 있을 것이란 보장은
없지만 그래도 상관없다. 노하우를 알아내고자 하는 의지만 확고히
다진다면 한 단계씩 발전할 수 있다. 이렇게 트레이닝 매뉴얼을 꾸
준히 쓰다 보면 원래 롤모델로 삼았던 사람의 스타일에서 조금씩 벗
어나 나만의 스타일이 만들어지는데 이것이 곧 '개성'이다. 따라서

어떤 사람처럼 되고 싶다는 목표가 있다면 메모를 통해 트레이닝 매뉴얼을 만들어 가는 노하우 훔치기가 큰 도움이 될 것이다.

나만의 업무 스타일을 만들고 싶다면 우선 여러 사람들의 노하우를 노트에 하나하나 적어 보자. 그리고 그 노하우를 익히기 위한 트레이닝 매뉴얼을 나름대로 구성해 보자. 나는 운동부 코치를 맡게 되면서 이 방법을 발견했다. 코치를 하면서 트레이닝 매뉴얼을 작성한 것이 상당한 도움이 되었기 때문이다. 코치를 하다 보니 연습 매뉴얼을 만들 필요가 있었고 선수들을 관찰하면서 개인별 특징과 운동 방법 등을 노트에 적어 나갔다. 그러다 문득 업무에도 이 방식을 똑같이 적용할 수 있겠다는 생각이 들었다.

사회에 나와서 누군가 일일이 옆에서 가르쳐 주는 친절한 환경을 기대할 수 없다. 때문에 일 잘하는 사람을 관찰하면서 그 사람의 노하우를 내 것으로 만들어야 빠르게 성장할 수 있다. 그 사람처럼 되기 위해 스스로 할 수 있는 트레이닝 방법을 찾아내고 하나하나 실천해 가면 된다. 잘하는 사람의 노하우를 습득하려는 의지와 성실하게 매뉴얼을 만드는 노력이 어우러진다면 실력 향상의 길도 그리 멀지만은 않다.

04

실수의 반복을
막는다

내가 초등학생일 시절에는 수업이 끝나고 그날의 일들을 노트에 적는 시간이 있었다. 마치 일기처럼 그날 있었던 일이나 느낀 점을 쓰고 그걸 선생님에게 제출하곤 했다. 생각 같아서는 직장에서도 하루 업무가 끝난 후 이렇게 노트를 제출하게 했으면 좋겠다. 회사가 무슨 초등학교냐고 반발하겠지만 매일 하루를 돌아보며 노트를 쓰는 일은 어른에게도 분명 효과가 있다.

일을 잘하는 것만큼 중요한 일이 바로 실수를 하지 않는 것이다. 실수를 줄이려면 일단 내가 실수했다는 사실을 스스로 깨달아야 한다. 그리고 더 이상 똑같은 실수를 반복하지 않도록 습관을 고칠 필요가 있다. 그러기 위해서는 객관적인 입장에서 실수의 원인과 대처법을 스스로 써 보는 방법이 가장 효과적이다. '내 잘못이다'와 같이 인격적인 반성을 하라는 말이 결코 아니다. 업무는 매일 수정을 거듭해야 비로소 한 단계씩 발전할 수 있다. 실수를 잘못이 아닌 '수정해야 할 일'로 여긴다면 그렇게 부담스러운 과제는 아닐 것이다. 하루 중에 단 5분이라도 '자기평가 노트'를 쓰는 시간을 가져 보자. 점심시간이나 휴식 시간이 아닌 업무 시간 중에 잠깐 짬을 내서 쓰는 게 훨씬 효과가 크다.

가령 동료 중 전화 응대하는 방법에 약간 문제가 있는 사람이 있다고 하자. 주위에선 모두 그 사람이 전화 받는 태도를 이상하다고 여긴다. 하지만 동료 관계다 보니 아무도 그에게 주의를 주지 않는다. 실제로 회사에서는 이런 일이 비일비재하다. 만일 회사에서나 부서 내에서 이런 이야기들을 나눌 시간이 마련돼 있다면 그 또한 업무의 일환이기 때문에 서로 조언과 주의를 편하게 주고받을 수 있을 것이다. 또한 자기평가 노트에 쓸 내용이 생각나지 않을 때 자신이 잘못하고 있는 점은 없는지 주변에 물어보기도 쉽다. 그러면 상대방도 가벼운 마음으로 "전화를 이렇게 받으면 좋을 것 같아." 하면서 조언해 줄 수 있다.

"전화 받을 때 무의식중에 고객에게 반말을 하시더라고요."

"제가 정말 그랬나요? 앞으로 주의하겠습니다."

이런 식으로 스스로 깨닫지 못했던 실수를 누군가 지적해 줄 수도 있다. 게다가 어느 한 사람만 콕 집어 공격한다는 느낌도 전혀 들지 않는다. 평가를 반드시 마음 상해 가며 할 필요는 없다. 잘못을 뉘우치라는 게 아니라 더 나은 내일을 위해 심사숙고하는 시간이라고 여기는 것이 바람직하다.

많은 사람들이 동료가 실수해도 말하지 않고 넘어가곤 한다. 옆사람이 전화를 잘못 받아 일을 그르치거나 동료에게 폐를 끼쳐도 그냥 못 본 척 넘긴다. 속으로는 '왜 잘못한 걸 모르지? 스스로 좀 고쳤으면 좋겠다'고 생각하면서 굳이 말하지는 않는 것이다. 대부분이 한두 번은 넘어가곤 한다. 이는 동료에 대한 배려도, 예의도 아니다. 시간 낭비일 뿐 아니라 문제를 더 고질적으로, 더 크게 만드는 일이다. 결국은 말하지 않은 대가가 자신에게도 돌아가게 돼 있다.

1960년대 일본 제품들의 품질이 급격히 향상되었던 이유는 품질관리Quality Control, QC 캠페인에 있었다. 제조업 현장에서 불량품 제로를 목표로 직원들끼리 그룹을 지어 적극적으로 소통한 것이다. 누군가에게 지시를 받아 그룹을 만든 것이 아니라 자발적으로 의견을 주고받는 시간을 마련했다는 사실이 포인트다. 이들은 서로 잘못을 지적하기도 하고 그 원인을 분석하면서 궁극적으로 실수를 줄이고자 노력했다.

이런 대화의 장을 일상적인 업무 시간에도 마련했으면 좋겠다는 게 나의 생각이다. 대화를 통해 나온 문제들을 각자 기록하다 보면 조직이 해결할 문제와 개인의 과제가 명확히 구분된다. 원래 인간은 과제가 명확히 보이는 상황에서는 별로 거부감을 느끼지 않는다. 하지만 '왠지 내가 능력이 부족해 보이는 건 아닐까?', '그 사람이랑은 어쩐지 대화가 잘 안 되는 기분이야'와 같이 애매한 문제의식만 있는 상황에서는 마음이 불편하고 신경이 곤두선다. 이런 불편한 분위기가 부서 내 전염되지 않도록 애초에 업무와 관련해 대화를 나누는 시간을 마련하면 이 또한 업무가 되어 감정적으로 반응하지 않게 된다.

동료와 대화를 통해 자신의 문제점과 과제를 알게 되면 그 내용을 메모해서 잘 보이는 곳에 붙여 두면 좋다. 문제를 파악하고 이를 해결하기 위해 노력하는 사람은 누구나 따뜻한 시선으로 바라보고 도와주기 마련이다. 실수를 했다는 것은 큰 문제가 아니다. 하지만 같은 실수를 반복한다면 그것은 문제가 된다. 실수를 고치려는 기미가 보이지 않을 때 사람들은 냉정해진다. 회사 내에서 좋은 평가를 얻기 위해, 나아가 자신의 발전을 위해서 실수를 줄이도록 노력해 보자.

05

원활한 커뮤니케이션이
가능해진다

실수는 이미 벌어진 것이므로 어쩔 수 없다. 오히려 실패를 발판 삼아 빠른 속도로 성장하는 경우도 흔하기에 실수 자체는 큰 문제가 아니다. 일단 실수를 저질렀으면 가능한 한 피해를 최소화하면서 다음 단계로 넘어가는 대처 능력이 더욱 중요하다.

그런데 사회생활을 하다 보면 '어떻게 일이 이렇게 커졌지?' 싶을 정도로 사소한 실수가 걷잡을 수 없이 악화되는 일이 종종 발생한다. 이는 거의 대부분 커뮤니케이션의 부재에서 비롯되는 경우가 많다. 현재 상태를 정직하게 보고하지 않고 정확한 정보를 공개하지 않는 태도가 바로 상황을 악화시키는 가장 큰 원인이다. 함께 일하는 동료와 상사에게 마음을 터놓지 않으면 작은 문제도 커질 수 있다. 물론 나의 문제점을 남에게 드러내는 것은 분명 누구라도 피하고 싶을 것이다. 내가 가르치는 학생들만 봐도 남에게 지적받는 일에 익숙지 않아 보인다. 지적받는 상황 자체를 정신적으로 견디지 못하고, 지적받는 일이 싫다 보니 점점 남의 잘못에도 아무 말 않고 넘어가려는 태도를 갖게 되는 경우가 많다.

나는 이런 학생들을 위해 수업 도중 네 명씩 짝을 지어 서로 평가하는 시간을 종종 마련한다. 한 명이 발표하면 나머지 세 명이 그 발표 내용에 대해 목소리가 작았다거나 시선 처리가 어색했다며 아쉬운 점을 지적하는 방식이다. 사실 처음에는 모두들 말 꺼내기가 어려운 듯 우물쭈물한다. 그리고 지적받은 학생은 마치 인신공격을 당한 것처럼 상처받기도 한다. 하지만 이런 경험이 반복될수록 점차 평가에 익숙해진다. 서로 악의를 갖고 하는 말이 아니라 그저 개선해야 할 점을 짚어 주고 있음을 알아 가는 것이다. 그런 깨달음을 얻으면 지적받은 사항을 고치게 되고 발표 능력도 급속도로 성장한다.

이때 문제점을 그냥 듣고 끝낼 게 아니라 메모로 정리해 두면 내용을 좀 더 편하게 받아들일 수 있다. 문자는 객관성을 지녔기 때문에 뭔가 지적받는다는 느낌보다 그냥 하나의 '과제'가 주어졌다고 생각하게 된다. 그래서 타인의 지적과 조언을 받아들이는 정도가 달라진다. 메모가 마음을 열어 주는 것이다. 그렇게 타인에게 마음을 열면 문제가 악화되는 상황을 방지할 수 있을 뿐만 아니라 정신적으로도 한 뼘 더 성장하는 계기가 된다.

글로 적으면 문제를
객관적으로 볼 수 있다

나의 제자들 중에는 교사가 되기 위해 교생실습을 하는 학생들이 있다. 그들은 실습 기간 동안 그날그날 실수한 점과 노력할 점을 노트에 적고 담당 선생님에게 코멘트를 받는 일과를 반복한다. 스스로 되돌아보고 조언을 받으며 계속 소통하는 것이다. 그러면 2~3주에 불과한 실습 기간에도 학생들의 성장은 두드러진다. 마치 다른 사람이 된 듯한 모습으로 돌아오는 학생들을 지금까지 지켜봐 왔다.

물론 교단에 서는 것 자체도 큰 경험이지만 이렇게 매일 반복해서 쓰는 메모의 효과는 놀라울 정도다. 매일 자신의 문제점을 찾아내 기록하고 이에 대한 조언을 받아 다음 날 수업에 반영하는 과정을 반복하다 보면 확실히 하루하루 나아지는 것을 눈으로도 확인할 수 있다. 내가 가르쳤던 학생들에게 이 교생실습 노트는 그야말로 보물과 같은 존재가 되었을 것이다.

메모를 활용하면 타인에게 마음을 열고 평가와 조언을 받아들일 줄 아는 그릇을 키울 수 있다. 그리고 실수나 실패에 낙담하지 않고 스스로 성장하기 위해 조금씩 노력하게 된다. 글로 적음으로써 자신과 타인을 객관적으로 바라보게 되는 효과는 이처럼 크다.

06

아주 작은 틈새 시간도 놓치지 않는다

바쁜 현대인은 시간 관리법에 매우 관심이 많다. 시간은 모든 사람에게 평등하게 주어진 유일한 자산인 만큼 시간 관리를 어떻게 하느냐에 따라 남과 차별되는 경쟁력을 갖출 수 있다. 하루를 25시간으로 늘리진 못하지만 그만큼 시간을 밀도 있게 활용하는 일은 얼마든지 가능하다. 가만히 흘려보내는 시간도 얼마든지 알차게 쓸 수 있다.

시간을 효과적으로 활용하는 방법과 메모는 서로 궁합이 잘 맞는 한 쌍이다. 하루를 보내다 보면 5분이나 10분 정도 되는 자투리 시간이 꽤 많이 생긴다. 이런 틈새 시간을 어떻게 활용하면 좋을까? 사람들은 대부분 스마트폰을 만지작거리며 시간을 때운다. 하지만 시간을 좀 더 효과적으로 활용하려면 비어 있는 시간의 특성을 잘 들여다보고 그에 어울리는 행동을 하는 것이 바람직하다.

예를 들어 집에서 샤워를 마친 후 잠깐 시간이 비었다고 하자. 이때는 업무와 관련된 생각은 그다지 하고 싶지 않을 시점이다. 이런 시간은 지인들에게 연락하는 데 활용하면 딱 알맞다. 하지만 퇴근 무렵 우연찮게 시간이 비었거나, 집에 돌아온 후에도 아직 업무에 대한 생각에서 벗어나지 못했을 때는 시간을 잘 활용해야 한다. 업무에 신경이 집중된 상태를 무시한 채 전혀 상관없는 일을 하며 시간을 보내면 모처럼 남아 있는 열정을 허비하는 꼴이다. 어떤 일을 집중해서 처리한 후에는 얼마간 그에 대한 잔상이 남는다. 이럴 때 남은 열정과 에너지를 조금이라도 업무의 진전을 위해 활용하는 것이 바로 차별화의 기술이다.

사소해도 좋으니 오늘 하루 업무를 보며 깨달은 점을 자투리 시간을 활용해 메모를 해 보자. 처음에는 아무것도 아닌 것 같지만 업무와 관련된 메모가 차곡차곡 쌓이다 보면 한 단계씩 앞으로 나아갈 수 있다. 하지만 이런 시간을 그냥 흘려보내면 열정이 식으면서 기억이 조금씩 흐릿해져 간다. 시간이 흐를수록 잊어버린 내용을 다시 생각해 내려면 전보다 몇 배는 에너지가 더 소모된다.

일이 끝난 후 아직 일에 대한 열정이 남아 있을 때 단 10분이라도 좋으니 메모하는 시간을 가져 보자. 뭔가 깨달은 점을 노트에 적어 두는 것은 물론, 떠오르는 뭔가가 없더라도 일단 노트를 펼쳐 보자. 이렇게 노트를 펼치는 습관이 몸에 배면 노트를 마주했을 때 뭔가 정리하려는 마음이 저절로 생기게 된다.

07

목표 달성을 위한
To Do List

목표는 세세하게 나눠 설정하는 것이 좋다. 오늘의 목표, 일주일의 목표, 한 달 목표, 1년 목표 등 구체적으로 구분해서 정해 둔다. 모든 목표를 달성하지 못해도 괜찮다. 그때그때 상황에 따라 목표를 수정해 가면 된다. 목표는 일단 세우는 것이 가장 중요하다. 실행할 과제가 명확해지고 스스로 얼마나 성장했는지 알 수 있는 척도가 되기 때문이다. 물론 훌륭한 동기 부여 수단이기도 하다.

목표를 설정했다면 이제 그 목표를 달성하기 위한 방법을 나열해 보자. 예를 들어 일반 사무직에 종사하는 사람이 '매일 6시에 퇴근하자'는 목표를 세웠다고 하자. 물론 '6시 퇴근'이 과연 목표로서 적합한지에 대해 의견이 분분할 수 있다. 그러나 인생의 우선순위는 사람마다 다르다. 어떤 사람은 일을 빨리 끝내고 나머지 시간을 취미에 온전히 할애하는 생활이 중요할 수도 있고, 꿈을 위해 투잡을 뛰느라 일을 빨리 끝내야 하는 경우도 있다.

어쨌든 목표를 달성하기 위해 '눈치 보지 않고 정시에 퇴근하는 법'을 생각해서 노트에 메모해 본다. 퇴근 한 시간 전에 사람들에게 오늘 중 꼭 처리해야 할 일이 있는지 물어보고 다니는 것도 좋은 아이디어다. '만약 누군가 일을 부탁하면 그 일을 한 시간 안에 끝낸다'는 방법도 생각할 수 있다. 일을 뚝 부러지게 하는 사람에게 불평할 사람은 없다. 해야 할 일을 잘 끝내 놓고 당당히 먼저 가겠다고 말하고 퇴근하면 된다. 요즘은 야근을 당연시하지 않는 분위기가 어느 정도 조성돼 있어 충분히 가능한 일이다.

여담이긴 하지만 나는 보통 새벽 2시나 3시까지 일할 때가 많다. 출판사나 방송국은 새벽 1~2시에 스케줄이 끝나는 경우가 다반사다. 책을 활발히 내던 때는 편집자와의 미팅이 밤 12시부터 시작될 때도 꽤 많았다. 그때의 습관이 남아선지 오후 5시쯤 일이 끝나면 그 후 얼마든지 또 다른 업무를 처리할 수 있겠다고 생각한 적도 있었다. 지금은 그런 식으로 무리하게 일하진 않지만 예전에 일이 별로 없었을 때는 쉴 없이 일해야 한다는 압박감이 있었다. 일이 들어오지 않는 상황이 두렵기 때문에 일단 일이 생기면 거절하지 못했다.

회사에 근무하며 일정한 날짜에 월급을 받는 것이 얼마나 감사한 일인지 고용주의 입장이 되어 봐야 비로소 깨닫게 된다. 직원을 한 명 채용하면 그만큼 회사의 순수익은 감소한다. 월급으로 지급할 금액의 3~5배 정도 되는 매출을 올려야만 한 사람을 겨우 고용할 수 있다. 요즘에는 애써 들어간 회사를 쉽게 그만두는 사람들이 많은데, 어딘가에 소속돼 착실히 일한 대가로 월급을 받을 수 있다는 것은 대단한 일이다. 회사 내에서 자신의 자리를 굳건히 하기 위해서라도 메모를 활용해 효율적으로 업무를 처리하는 능력을 갖춰 나가기 바란다.

목표를 세운 후에는 그것을 달성하는 방법과 요령을 노트에 부지런히 정리하자. 목표를 세우고 실천하는 과정을 반복하다 보면 어디서든 자신의 위치가 자연스럽게 보장될 것이다.

목표 달성을 위해 해야 할 일을 리스트로 만들어라

이번 주 목표

○월 ○일

> 매일 6시에 회사를 나서자!

6시 퇴근을 위한 To Do List

- ☐ 오전 중에 업무의 70퍼센트를 끝낸다
- ☐ 남은 30퍼센트는 오후 5시까지 끝낸다
- ☐ 오후 업무가 시작되면 가장 먼저 거래처에 연락을 돌린다
- ☐ 오후 5시가 지나면 도울 일은 없는지 물어보고 다닌다
- ☐ 6시가 되기 5분 전부터 퇴근 준비를 한다

08

노트의 두께가
곧 자신감이다

메모는 일을 효율적으로 하기 위한 수단일 뿐 아니라 자신의 생각과 고민의 깊이를 보여 주는 소중한 재산이다. 평소 머릿속에 떠오르는 생각과 고민들을 종이에 적어 보자. 낱장으로 된 종이보다는 두께를 가늠하기 쉬운 노트에 쓰는 것을 추천하는데, 그래야 생각의 축적을 한눈에 확인할 수 있기 때문이다. 그렇게 노트가 한 권, 또 한 권 쌓여 갈수록 그 두께는 스스로를 지탱하는 힘이 된다. 자신에 대한 인식과 판단이 쌓이다 보면 결국에는 이것이 자신감으로 이어진다. 켜켜이 쌓인 노트의 두께만큼 자신만의 무기가 생긴다.

그래서일까. 나는 더 이상 들춰 보지 않는 노트일지라도 좀처럼 버리지 못한다. 언젠가 오류로 인해 컴퓨터에 있던 데이터가 모두 삭제된 일이 있었다. 책으로 엮으면 몇 권은 될 법한 자료가 저장돼 있었기에 순간 좌절했지만, 신기하게도 메모 노트를 잃어버렸을 때 처럼 심한 충격을 느끼진 않았다. 나의 땀과 노력은 컴퓨터보다는 노트에 더 많이 담겨 있었기 때문이다.

맨체스터 유나이티드의 감독을 맡고 있는 세계적인 명장 조제 모리뉴는 사실 현역에서 뛸 당시엔 그리 유명한 선수가 아니었다. 그런 그가 어떻게 세계 최정상급 감독의 자리에 오를 수 있었을까? 그 답은 바로 노트에 있었다. 모리뉴는 감독으로 데뷔하기 전부터, 심지어 무직일 때도 틈틈이 트레이닝 파일을 만들었다.

트레이닝 파일이라고도 부르는 이 노트는 일과 관련된 모든 내용을 글로 엮은 것이다. 연습을 시행하는 목적과 지도 방법을 메모해 놓았는데 '이 목적을 위해서는 이런 훈련을 실시하라'는 식으로 구체적인 지시 사항까지 곁들였다. 트레이닝 파일에는 축구 전술이나 지도법에 대한 나의 생각이 체계적으로 기록돼 있다. 만일 이 파일에 이름을 붙인다면 아마 '조제 모리뉴의 트레이닝 콘셉트 진화론' 정도가 어울리지 않을까.

《조제 모리뉴》, 조제 모리뉴, 루이스 로렌스, 고단샤, 2006

모리뉴는 선수 생활을 할 때부터 노트에 기록하는 습관이 있었다. 자세한 훈련 과정과 함께 그에 대한 자신의 견해도 반드시 메모했다. 수석 코치로서 지도자의 길에 들어선 후에도 노트에 기록하는 일을 게을리하지 않았다. 그 기록들을 종합하고 정리한 결과물이 바로 트레이닝 파일이다. 트레이닝 파일이 완성된 순간 그는 감독이 되기 위한 준비를 마쳤다는 자신감이 생겼다고 말한다.

모리뉴에게 트레이닝 파일은 오랜 세월에 걸쳐 만들어진 소중한 재산이자 스스로를 확신하게 된 근거였다. 보통 선수로서 명성을 얻지 못한 사람이 감독의 자리에 올라 선수들을 지도하는 일은 결코 쉽지 않다. 하지만 모리뉴에게는 든든한 트레이닝 파일이 있었다. 선수들도 감독이 자신감에 차 있다는 사실을 알면 순순히 믿고 따르게 된다. 그러면 훈련은 필연적으로 성과를 낸다. 기록에서 시작된 자신감이 선순환을 만들어 내는 것이다.

노트의 두께는 사고의 축적을 단적으로 보여 주는 좋은 척도다. 그래서 쌓여 있는 노트를 보면 스스로 얼마나 노력해 왔는지 새삼 깨닫게 되고 이것이 곧 자신감으로 발현된다. 이렇게 자신을 일으켜 세우는 힘은 타인에게도 영향을 미쳐 사람들의 신뢰를 얻고 성공으로 이어진다.

무엇을 어떻게
적을 것인가

01

언제나 적을 수 있도록 준비하라

이번 장에서는 메모를 습관으로 만드는 방법과 메모를 할 때 적용하면 좋은 기술에 대해 소개하려고 한다. 고등학교를 졸업하면서 차츰 뭔가를 쓰는 일에서 멀어진 사람은 우선 메모하는 습관부터 들여야 한다. 습관이 드는 것만으로도 지적 능력은 놀랍게 향상된다. 여기에 효과적인 메모 요령까지 적용해 쓰다 보면 아마 이만큼 편리한 도구도 없다는 사실을 실감할 것이다. '지금까지 메모 없이 어떻게 살았지?'라고 생각할지도 모른다. 내가 메모 노트를 활용하는 10가지 요령은 다음과 같다.

1. 쓰든 안 쓰든 노트를 항상 곁에 둔다.

2. 나에게 꼭 맞는 메모 노트를 찾는다.

3. 노트에 이름을 붙인다.

4. 페이지 맨 위에 제목을 적는다.

5. 삼색 볼펜을 활용한다.

6. 도식화한다.

7. 포인트는 세 가지로 정리한다.

8. 날짜를 적는다.

9. 노트는 한 권이면 된다.

10. 책을 노트처럼 활용한다.

제1장에서 언급했듯이 메모는 사고를 촉진시키는 매개체다. 그렇기 때문에 일단 언제 어디서든 메모를 할 수 있도록 노트를 가지고 다니는 습관을 들이는 것이 무엇보다 중요하다. 흔히 '생각을 하라'고들 하지만 머릿속으로만 막연히 생각해서는 생산적인 사고로 이어지기 힘들다. 하지만 떠오른 아이디어를 곧바로 문자로 표현해놓으면 그걸 보면서 생각을 한층 더 발전시킬 수 있다.

생각해야 할 문제가 없을 때는 사고의 수준을 끌어올리기 어렵지만 무엇이든 문제를 인식하고 있는 상태에서는 사고의 깊이가 확 달라질 수 있다. 따라서 지금 어떤 문제를 생각하고 해결해야 하는지 스스로 깨닫고자 노력해야 한다. 이것이 생각을 발전시키기 위한 첫걸음이다.

메모할 노트를 가방에 넣어 두면 가방을 열 때마다 노트가 눈에 들어온다. 그렇게 노트를 보면 해결해야 할 문제 혹은 아이디어가 떠오르고 때로는 생각도 적어 넣게 된다. 이 과정이 조금씩 반복될수록 생각하는 행위와 종이에 쓰는 행위가 아주 긴밀하게 이어져 있다는 사실을 알게 된다. 그리고 메모를 하며 생각하는 습관이 몸에 밴다.

혹시 가방이 작아서 노트가 들어가지 않는다고 고민하는 사람이 있을지도 모르겠다. 그런 경우엔 평소 들고 다니는 다이어리를 노트 대신 활용하자. 물론 다이어리는 메모 공간이 작기 때문에 가능하면 가방에 들어갈 만한 조그만 노트를 하나 구입하는 게 좋다. 노트만이 지닌 개방적인 느낌이 더욱 적극적이고 공격적인 사고 습관을 끌어내기 때문이다. 공간이 작으면 사고도 제한되는 경향이 있다. 적어도 A5 사이즈 정도는 돼야 적당하다.

이렇게 노트를 늘 가지고 다니면서 어디에 가든 꺼내서 펼쳐 놓는 습관을 들이자. 펼쳐 놓으면 무엇이든 쓰게 되고, 쓰다 보면 어느새 메모가 습관이 된다. 일단은 쓰든 안 쓰든 노트를 늘 곁에 두는 것이 중요하다.

02

나에게 꼭 맞는
노트를 찾아라

마음에 쏙 드는 노트를 발견하면 메모 습관을 들이기가 좀 더 수월
하다. 누구나 흔하게 쓰는 단순한 노트도 괜찮지만 특히 마음에 드
는 노트를 가지고 다니면 한 번이라도 더 들춰 보고 싶고 뭐라도 쓰
고 싶은 욕구가 스멀스멀 올라온다. 기분 좋게 노트를 펼친다는 점
은 메모를 습관화하는 데 무시할 수 없는 요소다.

문구점에 가면 정말 다양한 노트들이 판매되고 있다. 얼마 전
나는 하드커버에 모차르트의 악보가 인쇄돼 있는 노트를 구입했다.
지저분한 내 글씨를 써 넣기가 미안할 정도로 예쁘다. 이 노트도 그

랬지만 이런저런 이유로 나는 노트를 사 놓고도 아까워서 잘 쓰지 못하는 편인데, 편집자들 중에는 일부러 예쁜 노트만 골라서 사용하는 사람도 있다고 한다. 해외로 여행 갈 때마다 그곳에서 마음에 드는 노트를 구입해서 쓰는 사람도 있다. 자신을 위한 선물이 노트라니, 정말 멋지지 않은가. 그렇게 노트에 관심을 갖다 보면 어느새 독특한 펜에도 눈길이 갈 것이다.

퇴근 후 30분은
카페에서 보낸다

. . . .

아직 메모 습관을 들이지 못한 사람들에게는 카페에 가는 것을 추천한다. 카페에 가면 뭔가를 끄적이게 되는데 나는 이 풍경이 무척 자연스럽다고 생각한다. 내 맘에 쏙 드는 노트를 갖게 되면 커피만 마시던 카페에서도 노트를 펼쳐 볼까 하는 마음이 자연스럽게 일어난다.

카페에 머무는 시간은 적어도 30분 정도는 돼야 적당하다. 커피 마시는 시간도 있으니 15분만으로는 노트를 꺼내기가 조금 빠듯하다. 물론 나는 틈새 시간이 15분밖에 없을 때도 카페에 들어가 노트를 펼치곤 한다. 어쨌든 쓰는 게 귀찮은, 아직 메모 습관이 들지 않은 사람들에게는 카페의 힘을 빌리라고 말해 주고 싶다.

가장 좋은 방법은 퇴근 후 곧장 카페에 들러 그날 알게 된 일이나 실수한 점, 과제 등을 메모하는 것이다. 회사에서는 이렇게 일과를 돌아보는 시간을 따로 내기가 힘들기 때문에 혼자서라도 그런 시간을 마련하면 큰 도움이 된다. 집에 돌아와서 긴장이 풀린 후에는 좀처럼 업무에 대한 생각을 다시 하기가 쉽지 않다. 그렇지만 퇴근 직후라면 아직 업무 모드이기 때문에 평가 노트를 쓰기가 훨씬 수월하다. 실수한 점과 과제를 기록하고 조금씩 해결 방법을 궁리하다 보면 반드시 나아지고 성장한다.

메모해 두고자 하는 내용이 딱히 없더라도 카페에서 노트를 펼치면 뭔가 쓰고 싶은 내용이 생각난다. 꼭 업무와 관련된 것이 아니어도 상관없다. 개인적인 궁금증이나 읽었던 책에 대한 감상, TV에서 본 내용이라도 자유롭게 메모하면 된다. 혹시 노트에 '인류가 멸망했으면 좋겠다고 생각할 때' 같은 쓸모없어 보이는 내용을 적고 있다고 해도, 생각하는 바를 메모하고 이로 인해 마음이 가벼워진다면 그걸로 족하다. 물론 쓴 내용을 누가 엿보지 못하도록 신경 쓸 필요는 있겠지만 말이다.

한편 술집에서 뭔가를 메모하는 것은 그다지 어울리지 않는다. 예전에 맥줏집에서 노트를 꺼내 메모하며 친구와 대화를 하고 있었는데 다른 손님들이 불쾌해 할 수도 있다며 핀잔을 들은 적이 있다. 친구들과 대화한 내용을 메모하는 게 대체 어떤 문제가 되는지는 아직까지도 잘 모르겠지만 어쨌든 술자리와 노트는 별로 어울리는 조합이 아니다. 시끌벅적하게 분위기가 달아오르는 와중에 테이블 위에 노트를 펼치면 흥이 깨질 가능성도 있다.

하지만 술자리여도 윗사람과 이야기를 나눌 때는 노트에 들은 이야기를 메모하는 정도는 괜찮지 않을까 싶다. 자신의 말을 메모까지 해 가며 들어준다는 사실을 알면 말하는 입장에서는 당연히 기분이 좋을 것이다.

03.

노트에 이름을 붙여라

노트에 이름을 붙이면 메모하는 습관을 더 효과적으로 들일 수 있다. 그냥 단순하게 '업무 노트'라고 이름을 붙이면 너무 무미건조한 느낌이 든다. 그보다는 표지만 봐도 목표와 과제를 좀 더 구체적으로 의식하게 되는 이름이 바람직하다. 예를 들어 '업무 프로세스 노트'나 '비밀 아이디어 노트', '성공으로 한 발짝 다가가는 노트'처럼 말이다. 목표를 명확히 인식하게 되는 동시에 왠지 모를 기대감이 생긴다.

《사장의 노트》는 일본의 전설적인 기업회생 전문가 하세가와 가즈히로長谷川和廣가 스물일곱 살 때부터 약 40년에 걸쳐 쓴 200여 권의 노트에서 업무에 도움이 될 만한 키워드를 뽑아 해설한 책이다. 하세가와는 자신의 노트에 'OYATTO NOTE'라는 이름을 붙였다. OYATTO는 뜻밖의 일을 만났을 때 튀어나오는 일본의 감탄사다. 그의 말에 따르면 일을 하다가 '아니, 이럴 수가!' 하고 감탄했던 일이나 깨달음을 기록하는 노트이기 때문에 이런 이름을 붙였다고 한다. 책에는 저자가 쓴 실제 노트 사진이 실려 있는데 정말 표지에 'OYATTO NOTE'라고 인쇄된 종이가 붙어 있었다. 이렇게 노트 표지에 이름을 써 두면 나만의 물건이라는 실감이 나면서 애착도 함께 생긴다.

노트에 이름을 붙여 그와 관련된 내용이나 깨달음을 계속 적어 나가겠다고 마음먹으면 메모 습관을 더욱 쉽게 들일 수 있다. 물론 노트의 이름에서 벗어난 내용도 상관없다. 이름을 붙이는 것은 습관을 들이기 위한 방법일 뿐 여기에 얽매일 필요는 없다.

노트에 이름을 붙이면 메모가 더욱 즐거워진다

머리와 마음이
상쾌해지는 노트

업무 스트레스를
줄여 주는 노트

본질을
파고드는
노트

내 안의 야성을
깨우는 노트

세상을 삐딱하게
보는 노트

직감을 키우는
노트

생각을
발견하는
노트

나도 몰랐던 재능을
발견하는 노트

나를 프로로
만들어 주는
노트

04

제목을 붙여 하나의
과제로 인식하라

노트는 보통 페이지 윗부분 공간이 넓다. 그 공간에 페이지마다 제목을 써 넣어 보자. 일단 페이지 맨 위에 제목을 적으면 그 밑으로 무슨 내용을 써야 할지 조금씩 가닥이 잡힐 것이다.

전에 〈NHK 스페셜〉이라는 프로그램에서 오 사다하루王貞治(전 일본 프로야구 선수이자 감독 출신 기업인. 현재 소프트뱅크 호크스 구단 회장을 맡고 있다.—옮긴이)가 나와 현역 선수 시절부터 써 온 노트를 최초로 공개했다. 노트에는 타격 요령 같은 다양한 야구 기술들이 적혀 있었는데 일본의 전설적 홈런왕이 쓴 노트답게 그 정밀함이 남달랐다. 굉장히 알찬 내용이 돋보이는 노트였다.

그는 노트의 각 페이지 맨 위에 '겨드랑이 붙이는 법', '백스윙', '스윙 속도와 팔 자세' 같은 제목을 쓰고 제목 아래에는 그와 관련된 주의점이나 연습하며 깨달은 점을 메모했다. 그리고 겨드랑이 붙이는 법처럼 보통 쓸거리가 그다지 많지 않은 내용도 단독으로 한 페이지를 할애해서 정리해 두었다.

제목을 붙여 하나의 과제로 인식하게 되면 보다 많은 내용을 생각하고 정리할 수 있다. 항목을 세분화하는 일 자체가 문제를 명확하게 드러내는 데 큰 역할을 하는 셈이다. 이런 식으로 메모를 하면 문제를 명확하게 인식할 수 있다. 그리고 이는 사고하는 방식뿐 아니라 문제를 해결하는 과정에도 큰 도움을 준다.

일과 삶 모두에서
지침이 되는 노트

일에서 성장하는 것을 목표로 할 때는 업무 능력뿐만 아니라 심리적인 성장도 중요하게 고려해야 한다. 즉, 메모를 할 때는 업무 기술과 정신적인 내용을 모두 담아야만 자신에 대한 객관적인 시선과 긍정적인 태도를 동시에 유지할 수 있다.

오 사다하루의 노트에는 이런 내용이 적혀 있다.

"이 문제를 해결할 때까지 절대 포기하지 않는다. 그게 바로 오 사다하루다."

'그게 바로 오 사다하루다'라는 말에서 자신을 향한 강한 믿음이 느껴진다. 이런 긍정적인 태도는 결과적으로 목표를 이루고자 하는 원동력이 된다. 한편 '기'氣라는 제목 밑에는 타석에 들어설 때의 마음가짐이 쓰여 있다.

"과거의 실수는 모두 잊고 타석에 선다."

"타석에서는 내가 세계 최고라고 생각할 것."

"타석에 선 이상 나는 당연히 공을 맞힌다."

일본의 프로 리그에서 뛰고 있는 축구 선수 나카무라 슌스케도 노트에 메모하는 스타일이 오 사다하루와 비슷하다. 나카무라의 노트에도 심리적인 내용과 기술적인 내용이 함께 적혀 있다.

"상대 선수에게 고맙다고 말하는 선수가 되자."

"해외에서 활약할 선수는 바로 나다."

물론 회사나 일에 따라 업무에 대한 내용만을 담은 매뉴얼 노트를 만들어야 할 때도 있다. 그렇지만 일과 삶 모두에서 지침이 되는 노트를 만들고 싶을 때는 심리적으로 도움이 되는 내용도 반드시 함께 적도록 하자.

05

삼색 볼펜으로
내용을 분류하라

누군가 아인슈타인에게 "당신의 연구실이 어디냐?"라고 묻자 아인슈타인이 자신의 만년필을 보여 줬다는 유명한 일화가 있다. 내게는 삼색 볼펜이 아인슈타인의 만년필에 해당한다. 생각하는 일과 삼색 볼펜은 한 세트나 마찬가지다.

내가 쓴 다른 책에서도 언급한 적이 있는데 삼색 볼펜의 세 가지 색은 각각 다음과 같은 의미를 지닌다.

• 빨간색: 아주 중요한 내용

- 파란색: 어느 정도 중요한 내용
- 초록색: 개인적으로 흥미롭다고 느낀 부분

　　내용을 셋으로 나누는 것은 인간의 두뇌에 가장 적합한 분류 방법이다. 너무 많이 분류하면 복잡하기만 하고 나중에 수습이 되지 않을 수 있다. 하지만 내용을 딱 셋으로 나누고 각각에 특정한 색을 입히면 훨씬 쉽게 기억된다. 이처럼 색이 지닌 영향력은 생각보다 훨씬 강력하다.

　　나는 책이나 회의에 필요한 자료를 읽을 때 언제나 삼색 볼펜을 한 손에 들고 밑줄을 긋거나 동그라미 또는 네모로 표시하며 읽는다. 이때 요점이라고 생각되는 부분에 빨간색으로 밑줄을 긋는다. 그리고 중요하다고 생각되는 부분에는 파란색으로 밑줄을 긋는다. 삼색 볼펜을 처음 시도하면 책이 온통 파란색 선으로 가득해지는 경향이 있는데, 이 점에 대해선 크게 신경 쓰지 않아도 된다. 나중에 파란색 선들을 훑어보면서 다시 빨간색을 덧그으면 된다. 이렇게 삼색 볼펜을 활용하면 내용이 머리에 쏙쏙 들어오면서 필요할 때 효율적으로 읽을 수 있다.

　　마찬가지로 메모를 할 때도 역시 삼색 볼펜을 활용하면 좋다. 강연을 들을 때처럼 누군가의 말을 노트에 메모할 경우 나는 가장 중요한 정보는 빨간색, 중요도가 보통인 정보는 파란색, 질문이나 의견 및 감상은 초록색으로 적어 넣는다. 이런 식으로 정리하면 훨씬 많은 정보를 흡수하고 이해할 수 있다.

한편 삼색 볼펜은 스케줄을 작성하는 데도 활용할 수 있다. 아주 중요한 일은 빨간색으로, 웬만하면 잊지 말아야 할 일은 파란색, 취미 활동이나 여행처럼 사적인 일정은 초록색으로 써서 구분하면 좋다.

06

그림과 표로
한눈에 보이게 만들어라

메모를 할 때 꼭 글이나 문장을 쓸 필요는 없다. 글자 대신 그림이나 표를 그려 넣는 방법도 효과적이다. 업무의 흐름을 도식화하거나 과제를 순서도처럼 표현하면 현재의 문제점과 앞으로 이뤄야 할 목표를 한눈에 알아볼 수 있다. 또한 고민이 있을 때 차근차근 글로 풀어 쓰는 것도 좋지만 순서도를 만들면 해결 방법이 더욱 명확하게 보이는 경우도 있다.

예를 들어 언젠가부터 회사를 그만두고 싶어졌다고 하자. 이럴 때는 뭔가 개운치 않게 계속 생각만 하는 것보다 노트에 자신의 마음을 털어놓는 것이 좋다. 그리고 고민을 쭉 써 내려가기보다는 선택과 결과를 도표로 나타내면 지금 상황에서 정말 어떻게 하고 싶은지, 취해야 할 행동은 무엇인지 방향이 잡히기 시작한다.

오른쪽 순서도를 살펴보자. '회사를 그만두고 싶다'는 고민을 해결할 궁극적인 선택지는 '그만둔다', '계속 다닌다' 이렇게 두 가지다. 그리고 어떤 선택을 하든 다음에 할 일을 염두에 둬야 한다. 만일 A인 '그만둔다'를 선택하면 '이직한다', '고향으로 내려간다', '사업을 시작한다'의 세 가지 옵션이 기다린다. 반면 B에 해당하는 '계속 다닌다'를 선택하면 '회사가 좋아질 방법을 찾는다', '그만두고 싶은 원인을 찾는다', '그러려니 포기한다'와 같은 과제가 주어진다.

이런 식으로 이어지는 생각들을 도표로 만들다 보면 마치 게임을 하듯 재미있으면서도 이성적이고 현실적으로 문제점을 분석할 수 있다. 이런 도표 외에도 말풍선을 활용해 질문이나 의견, 감상을 써 보는 것도 메모에 재미를 더할 수 있다. 이야기를 듣고 떠오른 이미지를 그림으로 그려 낼 수도 있지만 단순한 동그라미나 선만 추가해도 머릿속에 충분히 기억된다.

이야기를 정리하고 이해하고자 할 때는 포지셔닝맵이나 벤다이어그램 같은 도표가 편리하다. 내가 즐겨 쓰는 포지셔닝맵은 가로줄과 세로줄을 하나씩 그어 만든 좌표축이다. 이 좌표축의 양 끝에 서로 대립되는 요소를 배치하면 뒤엉킨 생각을 깔끔하게 정리

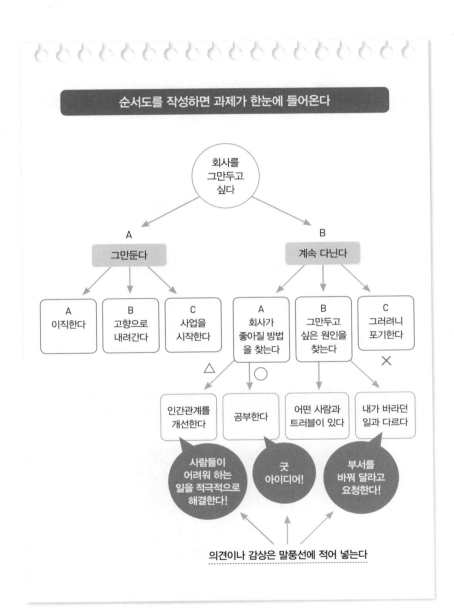

순서도를 작성하면 과제가 한눈에 들어온다

회사를
그만두고
싶다

A
그만둔다

A
이직한다

B
고향으로
내려간다

C
사업을
시작한다

B
계속 다닌다

A
회사가
좋아질 방법
을 찾는다
△

B
그만두고
싶은 원인을
찾는다

C
그러려니
포기한다
✕

인간관계를
개선한다

공부한다
○

어떤 사람과
트러블이 있다

내가 바라던
일과 다르다

사람들이
어려워 하는
일을 적극적으로
해결한다!

굿
아이디어!

부서를
바꿔 달라고
요청한다!

의견이나 감상은 말풍선에 적어 넣는다

사고를 명쾌하게 정리해 주는 포지셔닝맵

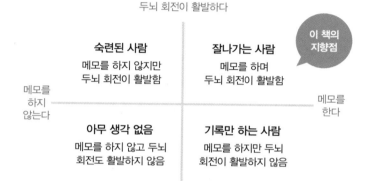

두뇌 회전이 활발하다

숙련된 사람
메모를 하지 않지만
두뇌 회전이 활발함

잘나가는 사람
메모를 하며
두뇌 회전이 활발함

이 책의
지향점

메모를
하지
않는다

메모를
한다

아무 생각 없음
메모를 하지 않고 두뇌
회전도 활발하지 않음

기록만 하는 사람
메모를 하지만 두뇌
회전이 활발하지 않음

두뇌 회전이 활발하지 않다

관계를 명확히 인식하게 해 주는 벤다이어그램

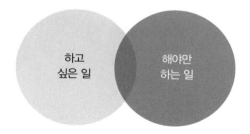

하고
싶은 일

해야만
하는 일

하기 좋다.

벤다이어그램은 집합의 범위나 둘 이상 되는 집합 사이의 관계를 나타내는 도표다. 예를 들어 A 집합과 B 집합의 관계에서 한쪽이 다른 쪽에 포함되는지, 부분적으로 일치하는지, 아니면 서로 동떨어져 있는지 쉽게 표현할 수 있다.

포지셔닝맵과 벤다이어그램은 둘 다 단순한 도표지만 이야기의 구조를 깔끔히 정리해 주기 때문에 어떤 상황이나 문제에 대해 더 깊이 이해하게 된다. 나는 책을 읽으면서도 여백에 이런 도표를 그려 넣곤 한다.

내용의 핵심을 정리해 주는
'강 건너기 포맷'

....

어떤 이야기를 듣거나 읽고 나서 그 이야기를 내 것으로 만들고 싶다면 '강 건너기 포맷'이 많은 도움이 된다. 이는 마치 강처럼 보이도록 노트 위에 가로줄 두 개를 긋고 어느 한쪽에서 반대편 강가까지 건너기 위해 디딤돌을 놓듯이 포인트를 세 가지로 정리하는 방법이다(106쪽 그림 참고). 디딤돌을 콩콩 밟으면서 강 건너편까지 건너는 상상을 하며 세 개의 디딤돌 속에 내용을 적어 넣는다. 단순히 항목별로 죽 나열하기보다는 이처럼 특정한 포맷을 활용하는 것이 내용을 파악하는 데 훨씬 도움이 된다.

들은 이야기를 온전히 내 것으로 만드는 가장 빠른 길은 '이 이야기를 남에게 어떻게 전하면 좋을까?' 고민해 보는 것이다. 예를 들어 가쓰 가이슈勝海舟(에도 말기부터 메이지 시대까지 활동한 일본의 고위 관료이자 정치가. 일본 해군의 근대화에 힘썼으며 타고난 외교 수완을 갖춘 전략가였다. —옮긴이)라는 인물의 '끈기'에 대해 이야기한다고 해 보자. 가쓰 가이슈는 저서《히카와세이와》氷川清話에서 끈기의 중요성에 대해 다음과 같이 설명한다.

세상을 살아가면서 늘 부딪치기 마련인 고난에 일일이 신경 쓰다가는 대업을 이룰 수 없다. (…) 그렇게 필사적인 태도를 유지하다가는 끈기가 곧 바닥나고 만다. 인생에 아무리 험난한 길이 펼쳐져도 마치 평탄한 길을 걷는 것처럼 평정심을 유지하는 태도와 마음가짐이 무엇보다 중요하다.

실제로 가쓰 가이슈는 대단한 끈기를 지닌 인물로 잘 알려져 있다. 그가 네덜란드어를 익히기 위해 58권짜리 네덜란드어-일본어 사전을 두 번이나 필사한 일은 그의 끈기를 보여 주는 유명한 일화다. 어린 시절 가난했던 그는 사전을 살 엄두를 내지 못했다. 그러다 우연찮게 사전을 갖고 있는 한 네덜란드 의사를 알게 됐다. 그에게 빌리는 값을 치르기로 하고 1년간 사전을 빌렸다. 가이슈는 반년 만에 사전 58권을 모두 필사했지만 10냥이란 대여료를 지불할 돈이 없어 필사한 사전을 팔아 돈을 마련했다. 그리고 다시 반년에 걸쳐 자기가 볼 사전을 필사했다. 사전을 통째로 두 번이나 베껴 쓰는, 생각만 해도 고된 작업을 담담하게 해낸 인물이 바로 가쓰 가이슈다.

이제 이 이야기를 강 건너기 포맷으로 정리해 보자. 우선 '가쓰 가이슈는 어떻게 대업을 이룰 수 있었을까?'라는 질문을 생각의 출발점으로 삼는다. 그리고 다음과 같은 3단계로 생각을 발전시킨다.

1. 가쓰 가이슈는 역사적으로 뛰어난 활약을 보인 인물로, 어린 시절 꾸준히 좌선과 검술 수련을 했다.
2. 1년에 두 번이나 58권짜리 네덜란드어-일본어 사전을 통째로 필사한 일화가 전해진다.
3. 가쓰 가이슈는 대업을 이루려면 무엇보다 끈기가 중요하다는 신념을 평생 지니고 있었다.

보통 말하는 사람과 듣는 사람 사이에는 지식의 단절이 존재한다. 그 넘을 수 없는 단절을 상징하는 것이 바로 강이다. 듣는 이가 말하는 이의 메시지를 이해하려면 단절의 강을 건너야 한다. 이를 돕기 위해 강에 디딤돌을 마련하는 것이다. 이때 마주 보는 강기슭

복잡한 이야기를 깔끔히 정리해 주는 강 건너기 포맷

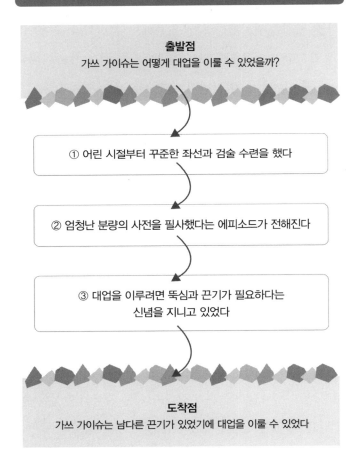

출발점
가쓰 가이슈는 어떻게 대업을 이룰 수 있었을까?

① 어린 시절부터 꾸준한 좌선과 검술 수련을 했다

② 엄청난 분량의 사전을 필사했다는 에피소드가 전해진다

③ 대업을 이루려면 뚝심과 끈기가 필요하다는
신념을 지니고 있었다

도착점
가쓰 가이슈는 남다른 끈기가 있었기에 대업을 이룰 수 있었다

이 서로 맞닿을 정도로 강폭이 좁은, 즉 너무 뻔하거나 잘 알려진 이야기는 재미가 없다. 그리고 디딤돌 수가 너무 적으면 건너는 도중에 강에 빠지고 만다. 하지만 디딤돌이 세 개 정도라면 차근차근 밟고 끝까지 잘 건너갈 수 있고 이야기가 알차다는 느낌을 받는다. 좋은 이야기를 들었다는 만족감이 드는 것이다.

누군가에게 이야기를 전달해야 할 때 이 강 건너기 포맷을 떠올려 보자. 강 건너기 포맷을 활용하면 듣는 이를 배려하면서 내용을 부족하지도 넘치지도 않게 전달할 수 있다.

07

포인트를 세 가지로
정리하라

앞서 강 건너기 포맷처럼 내용을 세 가지로 정리하는 것은 책 내용이나 이야기를 전해 줄 때뿐만 아니라 일상의 소통에서도 큰 효과를 발휘한다. 특히 업무 중 원활한 의사소통을 위해서는 들은 내용을 잘 요약하는 능력이 필요하다. 전달 사항이나 지시, 의뢰와 같이 어떤 말을 들은 후 그것을 제대로 처리하는 편인지 한번 점검해 보자. "이건 해놨는데 저건 안 돼 있네요!", "왜 항상 뭐가 빠져 있죠?" 직장에서 이런 소리를 자주 듣는다면 자신의 요약 능력이 부족하진 않은지 돌아봐야 한다.

회사에서 상사가 시킨 일 대신 엉뚱한 업무를 하다가 문제가 생기는 원인도 바로 여기에 있다. 대부분 사람들은 들은 내용 전부를 기억하려 하기 때문에 함정에 빠진다. 전부 외우려다 정작 중요한 내용을 흘려들으면 결국 뭘 들었는지 모르게 된다.

하지만 포인트를 세 가지로 압축하면 쉽게 요약할 수 있다. 핵심은 '세 가지'라는 점이다. 요점이 네 개 이상 되면 뭔가 하나를 빠뜨릴 가능성이 커진다. 다섯 개 이상 꼽으면 한 개도 제대로 기억 못 할 가능성이 크다. 이야기를 전달하려는 쪽도 마찬가지다. 중요한 점을 세 가지로 좁혀 말하면 전하고자 하는 바를 확실히 전할 수 있다.

요점을 추려서 말하는 방식은 시험으로 치면 점수와 직결되는 내용을 족집게처럼 집어내는 것과 같다. 별로 중요하지 않은 부분은 외워도 성적에 도움이 되지 않는다. 정답이 될 만한 내용을 정확히 집어낼수록 점수가 올라간다. 따라서 무작정 외우기보다 머릿속에서 메모한다는 느낌으로 포인트를 기억해야 한다.

대부분의 이야기에는 '아주 중요한 뼈대'와 '그냥저냥 중요한 정보', '흥미롭다고 생각되는 포인트'가 존재한다. 이 세 가지 요소를 찾아내 정리하는 습관을 들여 보자. 중요한 정보일수록 포인트를 세 가지로 정리해서 상대방에게 정확히 전달하는 것이 핵심이다.

중요한 메모에
번호를 붙여라

········

머릿속에서 요약하고 기억하는 방식이 조금 어렵게 느껴진다면 눈에 보이는 노트를 이용해서 얼마든지 연습하고 익힐 수 있다. 평소처럼 노트에 메모를 한 후에 적어 놓은 내용을 다시 살펴보면서 중요도에 따라 ①, ②, ③ 이렇게 번호를 붙이는 것이다. 삼색 볼펜으로 치면 가장 중요한 빨간색이 ①번, 덜 중요한 파란색이 ②번, 흥미로운 점을 표시하는 초록색이 ③번이 된다.

노트에 메모를 한 후에 번호를 매기면 번호 순서가 ②-③-① 이 되기도 하고 ③-①-②가 될 수도 있다. 한창 메모를 하고 있는 중에는 정확한 순서를 의식하지 못해도 상관없다. '이건 중요한 내용 같네' 하는 정도만 속으로 가늠하면서 메모해 두었다가 나중에 검토하면서 ①번을 매기면 된다.

요약 능력을 기르는 것과 머리를 노트처럼 활용하는 것은 서로 맞물려 있다. 메모한 내용에 습관처럼 ①, ②, ③ 번호를 매기다 보면 어느 순간 노트를 거치지 않고도 머릿속에 직접 메모하고 기억하는 일이 가능해진다. '포인트를 세 가지 집어낸다'는 말을 꼭 기억해 두고 습관으로 만들기 바란다.

08

날짜를 적어
현실의 기록으로 만들어라

나는 메모를 할 때 위에 항상 날짜를 적는다. 독일의 시인 괴테는 시 한 편을 완성할 때마다 그 아래에 날짜를 기입했다고 한다. 날짜를 써 넣으면 창작한 시 한 편이 그날의 마음 상태를 알려 주는 일기 같은 기록이 되기 때문이다. 마찬가지로 메모에 날짜를 써 두면 메모는 그대로 내가 살아온 기록이 된다. 가끔 들춰 볼 때면 마음의 변화나 성장이 엿보여서 재밌기도 하다. 자신의 변화나 성장을 확인하는 일은 새로운 동기 부여가 되기도 한다.

나는 날짜뿐만 아니라 누군가와 이야기를 나누는 도중에 아이디어가 떠오르면 그 사람의 이름도 함께 적어 두는 편이다. 만약 회의 중에 의제와 전혀 상관없는 아이디어가 떠오르면 참석한 회의의 이름이나 장소, 힌트가 된 이야기, 그 말을 한 사람의 이름 등 아이디어와 관련된 모든 정보를 함께 적어 둔다.

대부분의 노트나 다이어리에는 날짜 칸이 따로 있다. 이를 활용해 메모하기 전에 먼저 날짜를 적는 습관을 들이도록 하자. 만일 그 페이지에 또 메모할 일이 생기면 추가한 내용 옆에 다시 조그맣게 날짜를 써 넣으면 된다. 이렇게 써 둔 날짜를 통해 사고의 과정을 더듬어 가면 아이디어에 현실성이 더해져 더욱 잘 활용할 수 있다.

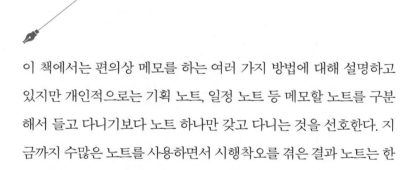

09

노트는
한 권만 써라

이 책에서는 편의상 메모를 하는 여러 가지 방법에 대해 설명하고 있지만 개인적으로는 기획 노트, 일정 노트 등 메모할 노트를 구분해서 들고 다니기보다 노트 하나만 갖고 다니는 것을 선호한다. 지금까지 수많은 노트를 사용하면서 시행착오를 겪은 결과 노트는 한 권을 들고 다니는 것이 가장 좋다는 결론을 내렸다.

메모를 인덱스카드나 바인더용 속지에 쓴 후 정리해 보기도 했지만 분류하고 정리하는 과정 자체가 매우 귀찮았다. 게다가 낱장의 종이는 흐트러지기도 쉽고 어느새 사라져 버리기 일쑤였다. 주제별로 메모 노트를 만들어 내용에 따라 분류해 쓰는 방법도 잘 맞지 않았다. 동시에 여러 주제를 잇달아 접하면 노트가 몇십 권은 필요하기 때문이다. 그렇게 시행착오 끝에 지금은 들고 다니는 노트를 한 권으로 정했고, 그 한 권에 이것저것 다양한 내용을 적어 넣고 있다.

다시 한번 강조하지만 '업무는 업무 노트에, 개인적인 일은 일기장에' 식으로 노트를 구분할 필요는 없다. 공적인 일이든 사적인 일이든 한 권의 노트에 같이 쓰면 된다. 모든 정보와 생각을 한데 담아 종합해서 결국 나만의 스타일을 완성하는 것이 중요하다. 물론 기획 담당자라면 기획 노트 정도는 따로 한 권 만드는 게 좋을 수 있다. 그럴 땐 기획 노트를 하나 만들고 그 외의 내용을 메모하는 노트를 만들어 두 권을 가지고 다니면 된다.

결국 자기 자신에게 편한 것이 가장 좋은 방법이다. 다만 노트나 다이어리의 쓰임에 대해 미리부터 고정관념을 갖진 않았으면 좋겠다. 다이어리가 단순히 스케줄을 적는 용도라고만 생각하는 사람은 1년이 지나도 다이어리에 별다른 내용을 적지 않는 경우가 많다. 다이어리를 전혀 활용하지 않는 것이다. 모처럼 가지고 다니는 만큼 다이어리를 노트 대신이라 여기고 아이디어를 적거나 생각을 메모하는 도구로 활용하도록 하자.

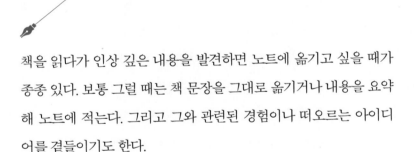

10

책을 노트처럼
활용하라

책을 읽다가 인상 깊은 내용을 발견하면 노트에 옮기고 싶을 때가 종종 있다. 보통 그럴 때는 책 문장을 그대로 옮기거나 내용을 요약해 노트에 적는다. 그리고 그와 관련된 경험이나 떠오르는 아이디어를 곁들이기도 한다.

그런데 이처럼 노트에 따로 정리하는 것은 꽤 귀찮고 힘든 작업이다. 그렇다 보니 '나중에 옮겨야지.'라고 생각만 하다가 결국 아무것도 하지 않은 채 잊어버리는 경우도 많다. 나도 학창 시절에 책 내용을 노트에 옮긴 적이 있었는데 별로 생산적이지 못한 일이었다.

어느 순간 깨닫고 보니 독서 노트를 만들고 있다기보다는 문장을 열심히 베끼는, 에너지만 소모하는 단순 노동을 하고 있었다. '이럴 거면 차라리 책을 노트로 만드는 편이 낫겠다'는 생각이 들었고 그렇게 책에다 메모를 하기 시작했다. 책을 노트에 옮기는 게 아니라 '책이 곧 노트'라고 생각하고 메모하는 것이다.

독서 노트는 내용을 요약해서 적고 인상 깊은 내용이나 감상을 정리하는 것이 중요하다. 이런 작업을 책에 직접 하기 위해 내가 사용하는 방법은 다음과 같다. 우선 읽으면서 인상 깊었던 부분은 페이지를 접어 둔다. 그럭저럭 괜찮다고 생각되는 내용은 페이지의 아래쪽 모서리를 접고, 마음에 쏙 든 내용은 페이지의 위쪽 모서리를 접는다. 그런 다음 삼색 볼펜을 활용해 중요한 내용은 빨간색, 중간은 파란색, 흥미로운 내용은 초록색으로 밑줄을 긋는다. 이해가 잘 안 되는 부분은 따로 괄호를 치거나 동그라미로 표시를 해둔다. 그런 후 초록색 펜으로 나의 생각을 적어 둔다.

책 내용에 대한 나만의 감상이나 의견은 해당되는 부분에 따로 화살표를 표시해 적거나 말풍선을 그려서 그 안에 써 넣는다. 저자와 대화를 주고받는다고 생각하면 감상을 쓰는 일이 한층 수월하게 느껴진다. 그리고 말풍선을 활용하면 머릿속에 내용이 쉽게 각인된다. 이는 교과서로 공부할 때도 마찬가지인데, 말풍선을 넣으면 중요한 부분을 눈에 확 띄게 표시할 수 있다. '꼭 기억하자!' 같은 한마디

책에 요약과 감상을 적어 노트처럼 활용하라

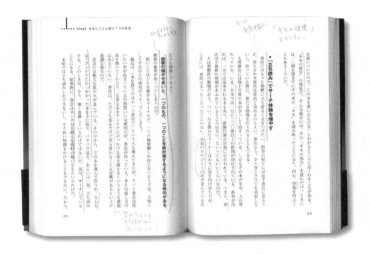

도 괜찮으니 자신의 의견을 짤막하게 덧붙인다. 책의 여백에는 도
표를 그려 넣을 수도 있다. 나는 책에 있는 에피소드를 도식화할 때
앞서 설명한 '강 건너기 포맷'을 주로 활용한다.

이런 식으로 의견을 써 넣고 정리하면 노트와 다름없는 책이 만

제3장 무엇을 어떻게 적을 것인가   **117**

들어진다. 책이 200쪽이라면 200쪽짜리 독서 노트를 완성한 셈이다. 요약이든, 아이디어든 일반적으로 독서 노트에 작성하는 모든 내용이 적혀 있다. 이렇게 책을 노트로 만들고 나면 비로소 책 내용을 온전히 흡수한 느낌이 든다.

반면에 밑줄을 긋거나 감상을 써 두지 않은 책을 스르륵 넘기다 보면 분명 읽었던 책인데도 별로 기억나는 내용이 없거나 생소하게 느껴진다. 이런 일을 방지하기 위해 책의 맨 앞쪽 빈 곳에 키워드를 써 두면 간단하면서도 효과적으로 책 내용을 요약할 수 있다. 물론 키워드가 있는 쪽도 함께 적어 둔다. 이렇게 책을 읽다가 중요한 내용이나 마음에 드는 부분을 발견하면 밑줄을 긋고 쪽 번호와 키워드를 앞쪽 빈 곳에 정리해 '키워드 맵'을 만든다. 나는 서평 작업을 할 때 이 방법을 적극 활용하고 있다.

이런 식으로 책 한 권을 온전히 나만의 노트로 만들면 저자의 생각이 손에 잡힐 듯한 느낌이 든다. 마치 저자의 머릿속에 들어갔다 나온 것처럼 말이다. 어지간히 시간이 걸리겠다 싶지만 사실 따로 독서 노트를 만드는 것보다 훨씬 수월하고 빠른 작업이다. 익숙해지면 속도도 더욱 빨라진다. 게다가 정보를 흡수하는 측면에서도 매우 효율적이다. 이렇게 책을 노트처럼 활용하면 나만의 경쟁력이 되어 줄 노트들이 곧 기하급수적으로 증가할 것이다.

빈 곳에 키워드를 메모해 책을 온전히 소화하라

P. 17

나는 내 머릿속을 헤집는, 이른바 '자기 검색'을 실시한다.

P. 127

정보의 진정한 가치는 생각의 깊이를 더해 주고 감성을 갈고닦아

최종적으로 자아를 확립시키는, 즉 자기 정체성을 완성하는 데 있다.

P. 202

정보를 짜 맞춰 편집하면 위화감이 더욱 크게 느껴진다.

11

기획을 구상한다는
생각으로 메모하라

메모는 자유롭게 작성하는 게 가장 좋지만 어디서부터 어떻게 시작
해야 할지 몰라 망설이는 이들을 위해 한 가지 추천하는 방법이 있
다. 바로 혼자 카페에 들어가 열심히 기획과 구상을 하고 있다고 상
상하는 것이다.

기획이라고 하지만 절대 거창할 필요는 없다. 업무를 효율적으
로 하기 위한 아주 사소한 아이디어라도 괜찮다. 일단 노트를 펼쳐
제일 먼저 제목을 적는다. 어떤 기획을 하고 싶은지 일단 과제를 명
확히 하는 과정이 필요하다. 제목 옆에는 바로바로 떠오르는 문제

들을 열거한다. 이때 '문제는 홑꺾쇠표(〈〉)로 묶는다'는 등의 규칙을 정해 둔다. 삼색 볼펜을 활용하는 것도 좋다. 뭔가 시각을 자극하는 요소를 더할수록 두뇌 활동이 촉진되고 쉽게 기억되기 때문이다.

이어서 기획과 관련된 요소를 항목별로 써 본다. 콘셉트, 대상, 포인트, 키워드 등 생각이 떠오르는 대로 적다 보면 점점 핵심이 되는 내용을 판단할 수 있다. 이를 놓치지 말고 도표로 나타내 본다. 어떤 도표든 상관없다. 나는 주로 목표하는 곳으로 나아가기 위해 키워드를 디딤돌처럼 놓는 강 건너기 포맷이나 가로축–세로축을 그려서 정리하는 포지셔닝맵을 사용한다. 포지셔닝맵을 활용하면 가장 바람직하지 못한 영역에서 이상적인 영역으로 나아가기 위해 필요한 요소가 무엇인지 한눈에 파악할 수 있다.

콘셉트가 명확히 잡히면 더 보탤 만한 내용에 대해서도 고민해 보자. 기획의 완성도를 좀 더 끌어올리기 위해 무엇이 필요한지 리스트를 만들거나 도표를 만들어도 좋다. 노트 공간을 활용해 아이디어를 자유자재로 펼쳐 보자. 나아가 기획을 성공시키기 위해 꼭 해야만 하는 일들을 고민한다. 일의 진행 순서나 방법을 미리 정리해 두는 것이다. 이런 식으로 노트에 메모하다 보면 복잡했던 머릿속이 상당히 명쾌해진다. 해야 할 일이 분명해졌다면 이제 실행에 옮기는 일만 남았다.

메모로 기획의 완성도를 높여라

제목 적기　　**업무의 생산성을 세 배 끌어올리자!**

2016. 12. 22.

〈왜 일은 해도 해도 끝이 없을까?〉

날짜 적기

〈업무 방식을 바꾸면 능력 있는 사람이 될 수 있을까?〉

콘셉트

· 업무를 통해 나 자신을 들여다본다
· 업무 방식을 바꿔 시간을 확보한다
· 능력 있는 사람이 되어 나의 가치를 높인다

포인트　　포인트 정리

· 목표를 설정한다
· 생산성을 높이는 데 필요한 책을 읽는다
· 업무 내용을 이해하기 위해 노트에 메모한다

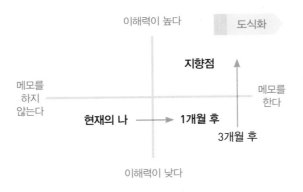

제4장

일의 결과를 바꾸는 메모의 기술

01

가르치는 입장에서
메모하라

이번 장에서는 실전에 도움이 될 메모 기술을 소개하려고 한다. 그
동안 내가 효과를 많이 봤던 방법 중 하나가 바로 '절차 노트'다. 절
차 노트는 특히 업무를 배우고 생산성을 높이고 싶은 직장인에게
강력하게 추천하고 싶은 방법이다.

한때 발성법이나 보디랭귀지 기술을 배우고 싶어서 세미나에
자주 참석한 적이 있었다. 그때 나는 가르치는 입장에서 취해야 할
자세에 대해 열심히 메모했다. 배우는 입장임에도 불구하고 언제고
기회가 닿아 강단에 서게 될 때를 대비해 강사의 태도를 유심히 관

찰하면서 강의 매뉴얼 노트를 만든 것이다.

예를 들어 '학생이 20명 있을 때는 2인 1조로 나눠 20분 동안 이러이러한 활동을 시킨다' 같은 강의 방법은 메모해 두지 않으면 금세 잊어버린다. 세미나를 듣는 학생의 입장에서는 당연히 강의 내용과 인상만이 기억에 남는다. 그래서 자신이 강사라 생각하고 수업을 진행해 보라고 하면 좀처럼 입이 떨어지지 않는다.

강사의 행동이나 지시와 함께 덧붙이는 보충 설명도 눈여겨봐야 할 요소다. 발성법이나 바디랭귀지 분야의 강사들은 보통 "의자에 앉아 주세요."라고 지시한 후에 비유 등을 곁들여 보충 설명을 하는 경향이 있다.

"양손, 양발 모두 긴장을 풀어 주세요. 고개도 살며시 떨어뜨려 줍니다. 연체동물이 된 듯한 느낌으로요."

이런 보충 설명 역시 메모해 두지 않으면 나중에 강사가 됐을 때 입에서 자연스럽게 흘러나오기 힘들다.

전체적인 강의 구성과 보충 설명은 쉬는 시간을 이용해 바로바로 메모해야 한다. 물론 강의 시간에도 노트에 메모하며 듣긴 하지만 강사의 지시에 따라 몸을 움직일 때는 적을 틈이 없다. 따라서 쉬는 시간이 주어지면 방금 했던 일을 서둘러 메모해 둔다. 강의에 대한 감상은 다음 날에도 충분히 기억나지만 구체적인 행동은 금방 잊어버리기 때문이다.

세미나 참가자들은 대부분 말 그대로 강의를 '듣는다'고 생각한다. 하지만 나는 강의 내용을 누군가에게 '들려준다'는 생각으로 세미나에 임한다. 가르치는 입장이 돼야 학습 효과가 가장 뛰어나다는 사실을 알고 있기 때문이다.

누군가에게 말하거나 가르치는 상황을 가정하면 지식을 심도 있게 학습할 수 있다. 아무리 좋은 강의 내용을 가지고 있어도 어느 날 갑자기 베테랑 강사가 되기는 어렵다. 또 강의를 하고 싶어도 능력 검증도 안 된 사람이 바로 강단에 오를 리는 만무하다. 그래서 나는 평소에도 항상 말하는 사람, 가르치는 사람의 시선에서 바라보려고 노력한다. 그렇게 강의를 들으며 노하우를 추려 정리한 것이 바로 절차 노트다.

이야기의 구조를
파악하는 메모 기술

....

이야기를 듣는 동시에 이해하는 방법이 있을까? 있다면 과연 무엇일까? 어떤 이야기를 들으며 머릿속에 내용을 입력할 때는 마치 도미노가 넘어지듯 상대방의 말이 머릿속으로 밀려든다고 생각하기보다는 5층짜리 건물을 짓는다고 생각하며 이미지를 떠올리는 게 좋다.

"음, 5층 건물 구조군. 1층에는 이런 내용이 있고 2층에는 저런 내용이 있고…. 그럼 계단은 여기에 두면 좋겠다."

이런 식으로 내용을 머릿속에 그려 가며 이야기를 듣는 것이다. 만일 건물 구조를 들여다볼 수 있는 엑스레이가 있다면 사진을 찍어 그 골조를 구체적으로 파악하는 것과 같다. 설계도를 본뜨는 작업이라고 생각해도 무방하다.

우연히 경험 많은 어떤 사람과 이야기를 할 기회가 있었다고 하자. 그런데 경험이 풍부하다고 해서 그 사람의 이야기가 조리 있으리란 보장은 없다. 오히려 이 얘기 저 얘기 왔다 갔다 하는 통에 갈피를 잡기 어려웠다고 치자. 하지만 그런 경우에도 이야기의 구조를 찾아 노트에 메모해야 한다. 오히려 그의 어수선한 이야기를 통해 말을 조리 있게 하려면 이야기를 어떤 식으로 구성해야 하는지 감을 잡을 수도 있다. 결국 말을 꺼낸 장본인보다 더 깔끔하게 내용을 정리해서 다른 사람에게 들려줄 수 있다.

대학 강의를 들으며 메모할 때도 마찬가지다. 지금 듣고 있는 강의는 어떤 식으로 구성돼 있는지, 강의의 1년 커리큘럼은 어떻게 이뤄져 있는지 항상 염두에 두고 메모를 하면 공부에 더욱 도움이 된다. 도쿄 대학 학생들의 노트가 화제가 된 것도 이렇게 큰 틀을 파악해 가며 메모했기 때문이다. 이들의 노트는 뜻하지 않게 사람들 앞에 설 일이 생겨도 바로 강의를 시작할 수 있을 만한 수준이다. 이

들이 똑똑해서가 아니라 다른 사람에게 '전달한다'고 생각했기 때문에 그런 노트가 나온 것이다.

흔히 시험 성적이 좋은 사람도 마찬가지다. 그들은 시험공부를 할 때 늘 출제자의 입장에서 생각하고 요점을 정리한다. 시험 문제는 출제자의 의도를 읽어야 맞힐 수 있다. 선생의 입장이 되어 '이런 문제를 내겠지' 하고 예측하는 습관이 몸에 배어야 요점을 찾아 공부하고 시험에서도 좋은 성적을 낼 수 있다.

02

절차 노트로
일의 흐름을 꿰뚫어라

일의 절차를 제대로 파악하려면 일에 대한 설명을 잘 들어야 할 뿐 아니라 눈에 보이지 않는 일의 구조까지 파악할 수 있어야 한다. 단순히 일의 순서나 방법을 메모하는 단계에서 그치지 않고 말로 설명되지 않은 업무 시스템 속 절차까지도 관찰을 통해 끄집어내고 함께 메모해야 한다.

언어로 표현되지 않은 정보를 구조적으로 정리하기 위해서는 꽤 수준 높은 기술이 필요하다. 예를 들어 '현장체험학습'을 살펴보자. 보통 초등학교와 중학교에는 현장체험학습 시간이 있다. 나 역시 중학생 때 통조림 공장으로 현장체험학습을 갔다. 귤이 통조림이 되는 과정을 지켜봤는데 나중에 공장에서 본 내용을 노트에 정리해 제출했다. 공장뿐 아니라 제철소에도 갔고, 찻잎이 만들어지는 과정을 보러 가기도 했다. 그렇게 본 장면들은 아직까지도 꽤 기억에 생생하다.

현장체험학습도 학교 수업의 일환이기 때문에 그냥 놀다 와서는 안 되었다. 노트를 들고 가서 제품이 어떤 과정을 거쳐 만들어지는지 관찰해 메모했다가 나중에 정리해서 발표해야 했다. "와, 철이 새빨갛게 변했네! 신기하다….."라며 바라보기만 해서는 어떻게 철이 만들어지는지 설명할 길이 없다. 하지만 철이 만들어지는 과정을 그림과 글로 메모해 두면 완벽하지는 않아도 대략적인 흐름은 설명할 수 있다. 그리고 여기에 공장 관계자들이 하는 설명을 듣고 요점을 메모하면 더욱 좋다.

회사에서도 마찬가지다. 업무를 익히기 위해 메모를 할 때, 어릴 적 현장체험학습에서 했던 메모의 방식을 그대로 가져와 보자. 어떤 상품이든 정해진 공정을 거쳐 제품으로 완성된다. 이때 눈에 보이는 공정은 누구나 파악할 수 있지만 '지금 타이밍에 재료를 투입해야 맛있어진다', '이렇게 해야 원료 대비 제품 비율이 높아진다' 같은 암묵적인 지식은 눈으로 본다고 파악할 수 있는 정보가 아니다. 이처럼 언어로 표현되지 않은 정보, 즉 암묵적 지식은 현장 사람에게 캐물어야만 알아낼 수 있다.

절차는 눈에 보이는 공정과 눈에 보이지 않는 암묵적 지식으로 구성되어 있다. 따라서 그 일에 대해 충분히 알고 익히지 못하면 절차를 메모하기 어렵다. 사실 어떤 일의 절차를 메모하는 일은 고도의 기술을 요하는 작업이다.

03

관리자의 시선으로
전체를 내다보라

절차 노트는 특히 업무에 상당히 도움이 된다. 회사에 입사하면 가장 먼저 절차 노트를 만들도록 하자. 상사에게 지시받은 사항이나 배운 일만을 메모하는 수준에서 벗어나 자발적으로 업무의 흐름과 절차를 파악해 그 과정을 적는 것이다. 초등학생 때도 했는데 사회인이 돼서 못할 이유는 전혀 없다.

절차 노트는 업무상 마주치는 작업에 어떤 의미가 있고 이때 필요한 능력은 무엇이며 어떤 흐름으로 일이 진행되는지 한 번에 쭉 훑어볼 수 있도록 만든다. 이때 설명만이 아니라 그림이나 표를 곁들이면 더욱 좋다. 글과 도표가 서로 내용을 보완해 주기 때문에 이해하는 데 상당한 도움이 된다.

언어로 표현되지 않은 정보를 이렇게 글과 도표로 나타내는 연습을 하다 보면 차츰 관리자로서의 자질이 길러진다. 각 구성원이 어떤 일을 하고 있는지 파악하고 이를 구조적으로 표현해 내는 능력은 결국 관리자의 역량으로 이어지기 때문이다. 회사에서 어느 정도 연차가 쌓였다고 자동적으로 관리직을 맡게 되지는 않는다. 영업사원에게 영업 능력이 중요하듯 관리자에겐 관리 능력이 요구된다. 이 역시 직무를 수행하는 데 필요한 능력이기 때문에 일반 사원들보다 연봉이 조금 더 높을 뿐, 관리자라고 해서 단순히 조직에서 지위가 높은 자리라고만 생각해서는 안 된다.

관리자에겐 관리를 잘하기 위한 능력이 필요하다. 바로 전체적인 구조를 꿰뚫어 보고 정리할 수 있는 능력이다. 이런 능력은 메모 습관을 통해 연마할 수 있다. 어릴 때 썼던 견학 노트처럼, 회사에 들어가면 일단 업무를 파악하고 그 내용을 꾸준히 메모해 절차 노트를 만들도록 하자. 이 절차 노트는 곧 '성공 노트'가 될 것이다. 이렇게 능력을 키우면 본인이 관리자가 될 생각이 없어도 주위에서 가만히 놔두지 않는다. 그런 까닭에 '성공할 마음이 없어도 성공하게 만드는 노트'라고 해도 과언이 아니다.

남을 이끄는 사람에게는 전체를 내다볼 줄 아는 관점이 절대적으로 필요하다. 좁은 시야로 나와 관련 있는 일만 바라보는 게 아니라 한 수준 위에서 전체를 바라봐야 한다. 업무의 절차를 노트에 메모하는 습관이 몸에 배면 시야도 몰라보게 넓어진다. 신입일 때는 자기 업무에 집중하는 것도 중요하지만 관리의 영역에도 관심을 두길 바란다. 현장에서 주어진 일도 잘해야 하지만 전체를 보는 관점도 함께 길러야 관리자로서 필요한 역량을 갖출 수 있고 일에서의 성공도 보장된다.

구조도로 일의
효율을 높여라

. . . .

도쿄의 지하철은 굉장히 복잡하기로 유명하지만 노선도가 있으면 편리하게 이용할 수 있다. 요즘은 역에서 나눠 주는 카드 형태의 노선도를 갖고 다니는데 아마 카드 형태 이전에도 여러 형식의 노선도가 존재했을 것이다. 사용하면서 점점 발전을 거듭해 오다 지금처럼 쓰기 편한 형태로 정착되지 않았을까 싶다.

　　만약 지하철 노선도처럼 누군가 업무 구조도를 만들 수 있다면 직장 내 모든 사람이 아주 편하게 업무를 볼 것이다. 가령 수도배관 도면 같은 업무 구조도만 있으면 업무의 흐름이 어디서 막히는지 쉽게 발견할 수 있다. 그리고 문제가 발생한 지점이 파악되면 자리

업무를 구조적으로 나타내면 흐름이 보인다

수입 담당 부서 ○○ **브랜드 전시회 전까지의 업무 흐름**

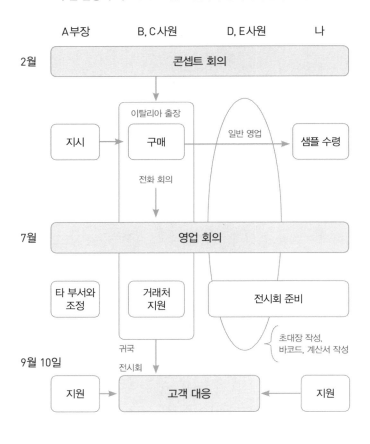

배치를 바꾸거나 여러 방법을 취해 업무 흐름을 개선할 수 있다.

공간 배치는 의외로 효율적인 업무 수행에 중요한 기능을 한다. 단순히 자리가 떨어져 있을 뿐인데도 커뮤니케이션이 원활하게 이뤄지지 않는 경우도 있다. 예를 들어 여섯 명으로 구성된 부서가 있다고 하자. 여섯 명의 업무를 도표로 나타내 보면 구성원들 사이에 업무 흐름이 끊긴 지점을 쉽게 발견할 수 있다. 만약 A라는 사람과 B라는 사람 사이의 커뮤니케이션이 원활하지 않아 업무 흐름에 문제가 생겼다면 두 사람의 자리를 가깝게 하는 방법으로 흐름을 개선시킬 수 있다.

자리 문제가 나왔으니 하는 말인데, 많은 회사들에서 신입사원의 자리를 잘못 배정하곤 한다. 대개 신입사원 자리는 부장과 같이 지위가 높은 사람의 자리와 가장 멀리 떨어진 곳에 배치한다. 하지만 신입사원은 빠른 시간 내에 회사나 부서를 전체적으로 파악해야 하기 때문에 이를 잘 아는 사람의 조언이 반드시 필요하다. '우리 회사는 이런 식으로 돌아간다.', '이 업무는 이렇게 진행된다.' 등 전체적인 내용을 파악하고 설명해 줄 수 있는 사람 가까이에 신입사원의 자리를 마련하는 것이 바람직하다.

물론 신입사원 스스로 업무 구조를 파악하려는 노력도 필요하다. 정말 능력이 뛰어난 사람이라면 갓 입사했더라도 업무 구조도를 그려 낼 수 있을 것이다. 하지만 회사의 말단 위치에서 전체를 내다보기란 매우 어려운 일이므로 전체를 내다보는 위치에 있는 사람이 조언을 해 주는 게 좋다. 자신이 관리자의 위치에 있다면 신입사원에게 어떤 업무의 흐름을 파악해서 도표로 만들어 오라고 지시해 보자. 그리고 신입사원이 작성해 온 도표를 같이 확인하면서 내용을 고쳐 주거나 보충해 주도록 하자.

입사 직후에는 업무 구조도를 그려 보라고 해도 뭔가 엉성하기 마련이다. 그럴 땐 "이 업무들 사이에 뭐가 있다고 생각하나?"와 같은 질문을 던지며 내용의 빈틈을 보충해 주자. 그런 후 2~3개월이 지나 똑같은 도표를 그려 보라고 하면 분명 엉성했던 업무 구조도는 꽤 완성도 있게 바뀔 것이다. 그리고 업무 구조도가 알차게 바뀔수록 주변 사람을 배려하는 자세도 눈에 띄게 좋아질 것이다.

인재 채용에도 활용하는
절차 노트

....

이렇게 절차 노트를 만들고 메모하는 기술을 보면 '이 사람은 일을 잘하고, 저 사람은 아무것도 모른다'와 같은 판단도 가능하다. 그래서 직원을 채용할 때도 이를 활용할 수 있다.

직원 채용에 절차 노트를 활용하는 방법은 다음과 같다. 우선 면접으로 어느 정도 인원이 추려진 단계에서 지원자들을 수습사원으로 회사 내부에 투입한다. 다만 사전에 이런 투입이 지원자들의 통찰력을 알아보는 테스트라고 밝히지 말고 아무런 언급 없이 그냥 지원자들을 회사에 풀어놓는다. 그러다 예고 없이 회사 내부를 둘러보며 파악한 업무의 흐름을 도표로 그려 제출하라는 과제를 던진다. 아마 제대로 과제를 해내는 사람과 그렇지 못한 사람이 분명히 나뉠 것이다. 바로 이 시점에서 지원자의 능력을 판별하면 된다.

언어로 표현돼 있지 않은 내용을 간파해 글과 도표로 옮길 수 있는 능력은 업무 능력과 직결된다. 제출한 결과물의 내용과 수준을 살펴보면 입사 후 얼마만큼의 성장을 기대할 수 있는지 대략 감이 잡힌다. 아마 면접을 통해 지원자의 적성이나 능력을 판별하는 기존의 방식보다 훨씬 정확도가 높을 것이라 확신한다.

평소 생각과 시야를 넓히는 훈련으로 절차 노트를 만들고 메모하는 습관을 만들어 두면 회사에 들어가 잠재력을 인정받을 수 있을 뿐 아니라 관리자로서도 직원들의 성장 가능성을 파악할 수 있다.

04

회사 생활이 편해지는
매뉴얼 작성법

어떤 일을 시작할 때 업무에 대한 매뉴얼이 주어지면 출발이 훨씬 수월해진다. 건네받은 매뉴얼을 참고하면서 계획을 세우고 문제에 대처해 가면 되기 때문이다. 그런데 실제로는 매뉴얼이 없는 회사가 의외로 많다. 부서 간 이동이 잦은 회사조차 업무 인수인계를 구두로 마치는 경우가 많아 깜짝 놀랄 정도다.

현실적으로 인수인계가 철저히 이뤄지는 곳은 병원이나 철도 회사처럼 사소한 실수가 인명 사고로 직결되는 현장뿐이지 않을까. 병원에서 간호사는 환자를 교대로 간호한다. 이때 교대하며 공유하는 정보가 조금이라도 잘못되면 자칫 위험한 상황이 생길 수 있다. 그렇기에 간호사들은 매일 철저하게 인수인계를 한다.

나의 경우 편집자와 함께 일할 때가 많은데 출판사에 따라서는 담당 편집자가 중간에 바뀌는 경우도 있다. 그때마다 처음부터 다시 업무에 관한 이야기를 나눠야 하는데 그 과정이 무척 괴롭다. 그게 싫어서 편집자가 툭하면 바뀌는 출판사와는 작업하지 않겠다고 선언한 작가들도 있다. 경험적 지식을 공유하는 것의 가치는 어마어마하다. 하지만 이런 사실을 제대로 인지하지 못하는 사람들이 허다하다.

제대로 정리된 매뉴얼이 있고 전임자가 직접 업무 절차를 설명하는 것이 인수인계의 기본이다. 여기에 전임자가 업무를 보면서 깨달은 사항을 메모해 두었다가 후임자에게 읽어 보라며 건네준다면 이상적이라고 하겠다. 후임자가 문서나 메모를 읽어 본 후 모르는 부분을 질문하면 전임자가 충분히 답해 주는 과정 역시 제대로 된 인수인계를 위해 꼭 필요한 요소다.

매뉴얼은 절차와
문제의식의 집합체

매뉴얼을 중요하게 여기지 않는 회사는 일의 '절차'와 일하는 사람의 '문제의식'이 있어야 업무가 제대로 돌아갈 수 있다는 사실에 대한 인식이 부족한 것이다. 단순히 후임자에게 매뉴얼을 건네주는 것만으로는 효율적인 인수인계가 될 수 없다. 매뉴얼에는 업무의 절차가 적혀 있지만 오히려 여기에 적혀 있지 않은 부분이 업무 결과에 큰 영향을 미치는 경우가 많기 때문이다. '절차는 이러이러하지만 이 점에 신경을 쓰면 일이 더 수월하게 돌아간다', '실패하는 원인은 이러이러하다. 그러니 미리 체크해 두면 좋다'와 같이 실무자가 업무 현장에서 느낀 문제의식에는 무한한 가치가 있다. 이것을 후임자에게 전달하느냐 아니냐에 따라 어마어마한 차이가 발생한다.

회사에서 일괄적으로 정리한 매뉴얼에는 현장 담당자가 느낀 문제의식을 적어 넣도록 해야 한다. 예를 들어 일단 모든 직원들에게 똑같은 매뉴얼을 프린트해서 나눠 준다. 그리고 여기에 각자 깨달은 내용이나 주의 사항을 덧붙이도록 한다. 매뉴얼에 행동에 대한 지침이 적혀 있다면 덧붙이는 내용은 문제의식과 관련된 부분이다. 그렇게 각자의 문제의식이 덧입혀진 매뉴얼은 그 직원의 고유한 노하우가 되어 그 무엇으로도 대신할 수 없는 자산이 된다. 이런 매뉴얼을 만들 수 있는 능력은 업무에 필요한 모든 자질을 100이라고 볼 때 50 이상을 차지할 정도로 중요하다.

한편 매뉴얼을 만들 때도 삼색 볼펜을 활용할 수 있다. 절대 잊

매뉴얼을 작성하면 절차를 파악할 수 있다

매월 시행하는 업무: 외상 매출금 확인표 작성

목적

영업 담당자가 거래처의 외상 매출금을 어느 정도 회수하는지 체크하기 위해 자료를 작성한다

시기

– 매월 5일까지
– 사용 소프트웨어: Microsoft Access, ○○데이터베이스

순서

① 경영지원실에 확인하고 ○○데이터베이스에서 외상 매출금 데이터를 받는다
　※ USB 메모리 사용
② Access로 작성한 '외상 매출금 체크' 파일을 열고 DATA 테이블에 외상 매출금 데이터를 복사한다
③ 쿼리query로 '외상 매출금 1엔 이상' 실행
④ 회수 리포트가 작성된다
　→ ○○데이터베이스의 내용과 일치하는지 확인(거래처 코드, 날짜, 금액)
⑤ 쿼리로 '지연 90일 이상' 실행
⑥ 지연 리포트가 작성된다
　→ ○○데이터베이스의 내용과 일치하는지 확인(거래처 코드, 날짜, 금액)
⑦ 리포트를 인쇄해 담당 부서에 전달한다

변경

거래처 담당자가 바뀐 경우 → 담당 마스터 테이블을 변경한다

지 말아야 할 일은 빨간색, 절차상 필요한 일은 파란색, 일하며느낀 문제점이나 해결 방안 또는 요령은 초록색으로 적어 둔다. 이런 식으로 나만의 매뉴얼을 만들어 가면서 업무에 임한다면 그렇지 않은 동료들에 비해 금세 두각을 나타낼 수 있다.

05

절차 노트로
나를 차별화하라

업무의 흐름을 파악하는 절차 노트를 만들면 자신도 성장하지만 주변의 평가도 달라진다. 업무의 절차와 이에 대한 문제의식을 자발적으로 기록해 내용이 맞는지 상사에게 조언을 구한다고 하자. 업무를 잘 파악하고 있는 상사라면 흔쾌히 부족한 부분이나 잘못된 내용을 알려 줄 것이다. 그러면 조언받은 내용을 다시 써 넣고 이제 그 부분에 더욱 신경 써서 업무를 수행하면 된다. 부하직원의 이런 모습을 상사는 어떻게 생각할까? 아마 비슷한 대화를 한두 번만 주고받아도 분명 그 직원에 대한 신뢰감이 싹틀 것이다.

절차 노트는 남의 눈에 확실히 띌수록 좋다. 노력이 노트의 형태로 구체화돼 있기 때문에 노트만 보면 그가 들인 노력의 정도를 쉽게 가늠할 수 있다. 굳이 노골적으로 어필할 필요도 없다. 지위가 높은 사람일수록 부하직원의 노트만 보고서도 남다른 점을 간파해서 그 직원에게 어떤 일을 맡길지 생각할 것이다.

새로운 업무를 맡을 때마다 그 일의 절차를 파악하고 여기서 떠올린 문제의식을 메모하는 습관을 들이자. 그렇게 해서 잘 정리된 매뉴얼을 만들게 되면 후임자에게 인수인계할 상황이 생겨도 일처리가 수월해진다. 사소한 습관 하나로 얼마든지 스스로 차별화될 수 있다.

요즘은 정규직 채용 비중이 적고 구직시장도 경직돼 있지만 많은 회사들은 업무 능력만 뛰어나면 얼마든지 채용할 의사가 있다고 입을 모아 말한다. 그런 사람이 좀처럼 없으니 정규직 채용을 꺼린다는 이야기다. 이렇게 된 데는 사회 구조적인 문제가 크지만 일단 내 인생을 위해서라도 절차 노트를 만들고 메모하는 것이 바람직하다. 업무의 절차와 문제의식을 기록해 나가는 습관은 단계적으로 성장하는 데 반드시 큰 도움이 될 것이다.

대다수의 사람들은 성공을 그저 막연하게 생각한다. 사회에서 성공하려면 어쨌든 직장 내에서 좋은 평가를 받아야만 한다. 결국 평가를 하는 입장인 윗사람의 눈에 들 만한 행동을 해야 한다는 뜻이다. 자신의 능력을 어필하는 가장 좋은 방법이 바로 절차 노트 쓰기다. 상사에게 자신이 업무의 절차와 문제점을 인식하고 있으며 해결 방법을 고민하고 있다고 보여 주는 것이다. 메모하고 쓰는 행동은 아무래도 눈에 띌 수밖에 없다. 또한 매뉴얼이 있으면 부서나 직위 이동이 있을 때마다 인수인계도 완벽해진다. 결국 '저 사람에게 배우면 이해가 잘 된다'는 평가가 늘어나고 직장에서의 위치도 올라가게 된다.

인수인계를 항상
염두에 두고 메모하라

....

업무의 절차를 파악하는 절차 노트를 만들 때는 항상 인수인계를 염두에 두면 좋다. 누군가에게 가르쳐 주겠다는 마음으로 메모를 하다 보면 문제의식이 명확해지기 때문이다.

내가 가르치는 학생들 중에는 교생실습을 해야 하는 학생들이 있다. 나는 그들이 교생실습을 다녀온 후 그룹을 지어 서로 논의하는 시간을 갖게 한다. 교생실습은 학생들에게 상당한 영향력이 있는 경험으로, 그룹별 논의는 이런 경험의 효과를 더욱 극대화 해 준다.

논의에 앞서 학생들에게 '아래 학년 후배들에게 알려 주고 싶은 주의 사항을 리스트로 만들어라'는 과제를 준다. 그러면 학생들은 그룹별로 서로 생각나는 점들을 이야기하며 리스트를 완성해 가는데, 여럿이 함께 논의하다 보면 '판서할 때 이런 점을 조심하면 좋다'는 이야기부터 '이런 행동은 하면 안 된다'는 내용까지 다양한 의견이 쏟아진다. 누군가에게 가르쳐 주겠다는 의지가 바탕이 되어 대화는 뚜렷한 방향을 유지하며 이어진다.

사실 과제를 내주지 않고 그냥 대화를 나누라고 하면 대부분 '고등학생 아이들과 이런 식으로 친해졌고 그래서 즐거웠다'는 식의 경험담으로 논의가 끝나 버린다. 물론 이런 경험담이 쓸모없다는 것은 아니지만 후배들에게 알려 준다는 분명한 목적을 갖고 이야기를 나눌 때 논의의 수준이 한 단계 올라갈 수 있다. 보다 다양하고 방대한 경험적 지식이 열거되기 때문이다.

각 그룹에서 작성한 항목을 한데 합치면 해야 할 일과 하면 안되는 일이 총망라된 하나의 매뉴얼이 완성된다. 이 내용은 교수들의 수업과는 또 다른 관점에서 정리된 조언이자 후배들을 위한 진정한 의미의 매뉴얼이다. 상당히 효과적인 매뉴얼이 만들어지는 것이다.

회사도 마찬가지다. 회사에서 제시한 매뉴얼이 있어도 현장에서 직접 일해 본 사람만이 알 수 있는 세세한 노하우가 분명 존재한다. 바로 그것을 적어 나가면 된다. 그리고 같은 경험을 한 동료와 함께 이야기를 나눌수록 그 효과는 배가 된다. '오늘은 일이 왜 이렇게 수월하게 돌아갔을까?', '사소한 실수가 어째서 이렇게 크게 번졌을까?' 등 대화를 나누면서 메모를 하면 객관적인 시선을 유지하면서 원인을 분석할 수 있다. 게다가 실수 때문에 자책하거나 풀이 죽기보다 마음을 가라앉히고 차분히 원인을 되돌아보는 계기가 된다.

06

메모로 일을
시뮬레이션하라

매뉴얼이 있다고 해도 언제나 매뉴얼을 옆에 끼고 업무를 볼 순 없는 노릇이다. 매뉴얼은 대개의 내용을 머릿속에 숙지해 둔 상태에서 정말 필요할 때 꺼내 확인해 보는 용도로 써야 한다.

한국에서도 리메이크된 바 있는 드라마 〈하얀 거탑〉白い巨塔을 보면 주인공 외과의사 자이젠 고로가 마치 지휘자처럼 손을 움직이며 수술에 필요한 동작을 미리 시뮬레이션하는 장면이 자주 나온다. 그는 항상 손으로 시뮬레이션하며 머릿속으로 수술 과정을 정리한 후 수술에 들어간다.

외과 수술은 굉장히 치밀한 계획을 요구하는 일이며 정해진 시간 내에 수행해야만 하는 절차가 있다. 다만 모든 진행 순서가 완벽하게 정해져 있지는 않으며 중간중간 환자의 상태에 따라 선택을 달리해야 하는 상황이 발생한다. 그것마저도 절개를 했는데 환자의 상태가 A라면 이렇게, B라면 저렇게 하는 식으로 대개 선택지가 정해져 있다. 때문에 수술대 앞에 선 이상, 의사가 환자의 상태를 보고 당황해서 어쩔 줄 몰라 하는 경우는 거의 없다.

유능한 외과의사처럼 업무에 냉정히 대처하기 위해서는 항상 선택지를 예측해 가며 일의 절차를 시뮬레이션하는 자세가 필요하다. 이때는 손이나 몸을 직접 움직여 보면 더욱 도움이 된다. '거래처 사장님이 들어오면 일어나서 인사를 드린 다음 이렇게 명함을 건네고….' 이런 식으로 미리 상황을 그리면서 연습해 두면 실제 상황에서 침착하게 대응할 수 있다. 절차에 익숙해지면 미리 연습하지 않아도 상황이 쉽게 그려지지만 그전까지는 시뮬레이션 과정을 메모로 정리해 두는 게 도움이 된다.

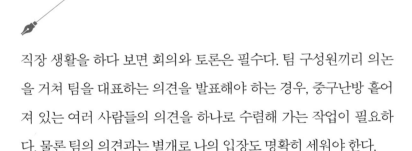

07

회의에 필요한 메모는
따로 있다

직장 생활을 하다 보면 회의와 토론은 필수다. 팀 구성원끼리 의논을 거쳐 팀을 대표하는 의견을 발표해야 하는 경우, 중구난방 흩어져 있는 여러 사람들의 의견을 하나로 수렴해 가는 작업이 필요하다. 물론 팀의 의견과는 별개로 나의 입장도 명확히 세워야 한다.

이때 필요한 메모의 기술은 구체적으로 다음과 같다. 우선 참석자들의 자리 배치를 도표로 나타내는 작업이 필요하다. 공간은 의외로 커다란 의미를 갖는다. 누가 어느 위치에 있는지 한눈에 알아볼 수 있도록 만들면 된다. 도표를 만들었으면 그 아래에 각각의 발언 내용을 쭉 메모한다.

이때 참석자들이 한 말 하나하나를 모두 자세히 적을 필요는 없다. 키워드만 들어가면 된다. '스즈키: 적극적으로 투자해야 한다', '사토: 지금은 기존 사업 유지에 전념할 때' 등 누가 말한 내용인지 알아볼 수 있도록 이름을 함께 메모한다. 나중에 메모를 살펴보면 키워드끼리의 관련성을 발견하게 된다. 이를테면 '사토 씨와 다나카 씨는 의견이 비슷하네. 그렇다면 이 둘의 절충안은 어떨까?' 하는 식으로 사고를 확장시킬 수 있다.

하지만 발언을 메모하는 데만 너무 집중하면 서기나 기록 담당으로 전락할 수 있으니 주의해야 한다. 회의 노트를 쓰는 주된 목적은 결국 나의 질문이나 의견을 메모하는 것임을 명심해야 한다. 그러기 위해서는 남의 발언을 메모하는 동시에 나의 마음속 변화를 들여다보고 떠오르는 의견을 메모해야 한다. 그렇게 자신의 입장이나 제안하고 싶은 내용을 명확히 정리해 나가면 된다.

토론이 진행될수록 주제에 대한 참석자들의 입장이 점점 분명해질 것이다. 그러면 예상되는 입장을 맨 처음 그렸던 자리 배치도에 기입한다. '야마다 씨는 반대할 것 같아…. 요시다 씨랑 오가와 씨는 아직 의견이 확실하지 않은 것 같고. 그럼 이 세 명을 설득하면 되겠다.'

참석자들의 입장이 확실하지 않으면 결론이 나지 않은 채 회의

회의 노트, 이렇게 작성하라

A 회의실 주제: '신규 사업 진출'

2016. 12. 22.

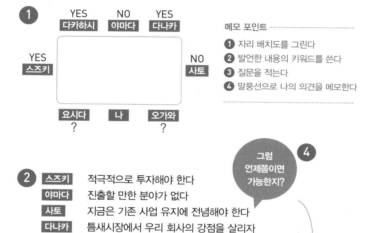

1
YES	NO	YES
다카하시	야마다	다나카

YES
스즈키

NO
사토

요시다 ?　나　오가와 ?

메모 포인트 ·······························
❶ 자리 배치도를 그린다
❷ 발언한 내용의 키워드를 쓴다
❸ 질문을 적는다
❹ 말풍선으로 나의 의견을 메모한다

2

스즈키	적극적으로 투자해야 한다
야마다	진출할 만한 분야가 없다
사토	지금은 기존 사업 유지에 전념해야 한다
다나카	틈새시장에서 우리 회사의 강점을 살리자
다카하시	원가를 절감해 저가 상품을 내놓자
요시다	우리 회사에 일할 만한 인재가 있는가?
오가와	좀 더 경제 상황을 지켜본 후 결정해도 늦지 않다

그럼 언제쯤이면 가능한지? **4**

보수파

3 질문

1. 다나카 씨에게: '틈새시장이라면 어떤 분야를 말하는가?'
2. 요시다 씨에게: '사내 공고로 인재를 모집하면 어떤가?'
3. 스즈키 씨에게: '어느 정도 예산을 들여야 하는가?'

가 어영부영 끝나 버릴 위험이 있다. 발언은 긴데 이렇다 할 의견이 없는 사람에게는 결론을 유도할 수 있는 질문을 던져야 한다. 요점 없이 장황하게 말하는 사람은 대개 상황이나 배경처럼 중요하지 않은 내용을 길게 설명하는 경향이 있다.

삼색 볼펜을 활용해서 메모하면 그런 발언이나 발언 내용의 부족한 부분을 쉽게 파악할 수 있다. 만일 빨간색으로 쓴 내용이 전혀 없다면 "그럼 어떤 식으로 하면 좋을까요?", "지금 제일 먼저 해야 할 일은 뭘까요?"라는 식으로 질문을 던져 회의 내용을 보충한다. 더불어 자신도 명확한 의견을 낼 수 있도록 노트에 빨간색으로 생각이나 제안을 메모해 두자.

제5장

지식을 무기로 만드는 메모의 기술

01

대화를 나누듯이
적어라

경영 관련 세미나를 진행하게 될 때면 나는 발표하기에 앞서 청중들에게 이렇게 말하곤 한다.

"제 이야기를 메모해 두었다가 나중에 혼자서 내용을 다시 한 번 말해 보세요."

미리 얘기하지 않으면 대다수가 손을 놓고 멍하니 있기 때문에 생각해 낸 방법이다. 그렇게 30분 정도 강연을 하다가 다시 묻는다.

"혹시 지금까지 내용 중에 질문하고 싶은 것이 있으신가요?"

이럴 땐 보통 200명 중 한 명만 손을 들고 질문해 줘도 다행이다.

질문이 없으면 뭔가 의견을 적은 게 있느냐고 묻는다.

누군가의 이야기를 듣다 보면 '어, 그건 좀 아닌 것 같은데' 또는 '이거랑 비슷한 이야기를 들었는데' 같은 생각이 떠오르기 마련이다. 하지만 그런 생각을 메모하며 듣는 사람은 별로 없다. 의견까진 아니더라도 간단한 감상조차 적지 않는다. 재미있다거나 공감된다는 단순한 메모도 대부분 하지 않는다. 왜 이런 현상이 나타날까?

그 이유는 메모가 단순히 '외부의 정보를 기록하는 일'이라는 고정관념을 갖고 있기 때문이다. 또한 일기처럼 감상을 적는 노트가 따로 있어 여태까지 정보와 감상을 함께 적을 일이 드물었던 것도 한 가지 이유다. 하지만 외부에서 들어오는 정보와 이에 대한 자신의 느낌을 한곳에 메모하는 것이 이야기를 소화하는 데 훨씬 도움이 된다. 이는 이야기를 듣는 시간을 최대한 활용하고 그 속에서 얻은 힌트를 일상에 응용하는 데 아주 유용한 방법이다.

이야기를 들으며 메모를 할 때는 마치 말하는 사람과 대화를 나누듯이 자신의 생각을 적어 가며 듣도록 하자. 앞서 삼색 볼펜을 활용할 때 자신의 생각이나 의견은 초록색으로 기입하라고 했다. 바로 이 초록색 부분을 늘려 가며 메모를 하다 보면 어느덧 강연을 듣는 자세도 바뀐다. 집중력과 이해도가 남달라지는 것이다. 그러면 들은 내용을 나중에 재생할 수 있을 뿐만 아니라 이야기를 들으며 떠올린 영감을 흘려버릴 위험도 없다.

이야기를 듣다 보면 그 내용과 직접적으로 관련 없는 생각이 떠오를 때도 있다. 이렇게 떠오른 생각이 점차 확산되면 머릿속 신경세포들이 활발히 연결되면서 어느 순간 번뜩이는 아이디어가 떠오른다. 이런 아이디어가 떠오르면 놓치지 말고 초록색 펜으로 꼭 메모해 두자. 이야기를 들을 땐 여러 가지 생각과 의견, 감상이 떠오르지만 그중에서도 우연히 떠올린 아이디어가 가장 중요하다.

꼭 아이디어가 아니라도, 강의를 들으며 궁금한 점을 메모해 두면 나중에 창의적인 사고로 발전시킬 밑거름이 된다. '어떤 질문을 해야 할까' 하는 고민이 두뇌를 자극해서 전혀 새로운 아이디어가 생각나기도 한다. 심지어 이야기를 들으며 떠오르는 생각이 '너무 당연한 소리잖아' 정도밖에 없다고 해도 뭔가를 메모하는 행위 자체만으로 이야기에 몰입하는 정도는 확연히 달라진다.

그러다 보면 차츰 강연자와 대화를 나누는 듯한 느낌으로 이야기를 듣게 된다. 예를 들어 카페에서 친구와 수다를 떨 때 우리는 "내 생각에 그건 말이지…." 또는 "그래, 맞아. 나도 비슷한 경험 있었어." 하면서 친구의 말에 맞장구를 친다. 이렇게 친구와 대화하는 것과 똑같지는 않겠지만 강연이나 세미나에서도 누군가가 말하는 동안 메모를 통해 얼마든지 대화를 나눌 수 있다.

강연을 들을 때는 적극적이면서도 수용하는 태도를 유지하는 것이 중요하다. 아무런 편견 없이 말하는 이의 이야기에 귀를 기울이고 그중에서 마음에 와닿는 내용을 순순히 받아들이는 것이다. 이런 태도를 유지하면서 노트에는 친구와 대화를 나눌 때처럼 좀 더 감정을 드러내 메모하는 것도 좋은 방법이다.

'와! 그건 진짜 몰랐어.'

'말도 안 돼! 지금까지 다르게 생각했는데!'

'어? 그건 좀 아니지 않나?'

머릿속으로 하는 혼잣말이 아닌 종이 위에서 대화를 나누는 느낌으로 메모를 하면 된다. 이렇게 문자로 나타내면 추상적이고 모호한 생각도 뚜렷하고 분명해진다. 애매한 감각에서 벗어나 점점 구체적으로 사고하게 된다. 노트에 메모한 한마디 말이 사고를 더욱 발전시키는 밑거름으로 작용하는 것이다.

02

적지 않으면 아이디어는
머릿속을 떠난다

타인의 말은 잠자고 있는 두뇌를 자극한다. 그래서 이야기를 들으며 노트에 메모하면 마치 상대방의 말이 그물이 되어 내 머릿속에 떠다니는 물고기를 잡는 것 같은 느낌이 든다. 물고기는 보통 바다 깊은 곳에서 헤엄쳐 다니기 때문에 우리 눈에는 잘 보이지 않는다. 그러다 조류나 해류의 영향을 받아 바닷물이 뒤섞이면 수면 가까이 올라오는 물고기를 좀 더 손쉽게 잡을 수 있다.

누군가에게 이야기를 들을 때도 이와 비슷한 현상이 일어난다. 언제고 들은 적이 있어 머릿속에 입력은 됐지만 기억 속 깊이 가라앉아 있던 정보가 타인의 이야기를 듣고 마치 그물에 걸리듯 의식의 수면 위로 떠오르는 것이다.

가령 한 강연에서 '변증법적인 대화'에 관한 이야기를 들었다고 하자. 우리의 뇌는 그 주제를 그물 삼아 기억 속에 잠들어 있던 경험적 지식을 건져 올린다. 그리고 이런 과정을 거쳐 잊고 있던 기억이 문득 떠오른다. '그러고 보니 ○○○ 선생님께서 새로운 결론을 도출하기 위해 대화 방식으로 수업을 하셨지….' 이렇게 나만의 경험적 지식이 떠오르면 초록색 펜으로 '○○○ 선생님의 대화 수업'이라고 메모해 두면 된다. 구체적인 에피소드를 덧붙이면 더욱 좋다. 개념은 개인의 구체적인 에피소드와 결합되면 머릿속에 쉽게 자리를 잡는다. 그러면 개념을 자유자재로 써먹을 수 있게 된다. 이렇게 경험적 지식의 바다에 가라앉아 있는 물고기를 건져 올리면 새로운 개념을 얻어 갈 수 있다. 이런 과정을 생략한 채 그냥 메모만 하는 것은 정말이지 안타까운 일이다.

이야기를 듣는 동안에는 내용을 메모하는 데만 집중하고 나중에 노트를 다시 보면서 질문이나 의견, 감상을 적어 넣는 것도 물론 나쁘지 않다. 하지만 나는 '철은 뜨거울 때 두드려라'는 말처럼 질문이나 의견은 기억이 생생할 때 쓸수록 좋다고 생각하는 편이다. 그 자리에서 바로바로 메모하는 것이 훨씬 효과가 크기 때문이다.

그리고 이야기에 집중하는 시간이 끝나면 대부분이 더 이상 노트를 펼쳐 보지 않는다. 설사 노트를 다시 본다고 해도 이미 가라앉아 버린 지식을 끄집어낼 의욕은 그다지 생기지 않는다. 생각을 다시 들춰 보는 과정이 번거롭고 귀찮기 때문이다. 게다가 이야기를 들으면서 고조된 감정 역시 금세 가라앉고 만다. 음식은 나오자마자 먹을 때 그 맛을 가장 잘 느낄 수 있다. 식으면 더 이상 맛있게 느껴지지 않는 법이다. 마찬가지로 이야기를 들은 바로 그 순간이 자극이 제일 강하기 때문에 기억 속에서 물고기를 건져 올리는 타이밍으로 가장 적절하다.

반대로 말하는 사람의 입장에서는 사람들의 마음을 자극하기 위해 다음 두 가지 요소를 고려해야 한다. 우선 사람들의 감정을 끌어올리는 데 신경 써야 한다. 개념이나 이론을 늘어놓지 않고도 감정적인 메시지를 전달함으로써 커다란 효과를 볼 수 있다. 발성이나 억양, 몸짓 같은 비언어적 요소를 적극적으로 활용해 사람들의 감정을 움직여야 한다. 고요하던 감정에 물결이 일면 머릿속 바다 깊은 곳에 가라앉아 있던 생각들이 튀어나오기 시작한다.

순간적으로 떠오른 아이디어를
메모로 붙잡아라

....

하지만 바다를 건드리기만 하고 끝나면 물고기들은 금세 원래 있던 자리로 가라앉아 버린다. 그래서 필요한 것이 바로 '그물'이다. 어떤 개념이나 논리적 사고 또는 힌트가 되는 에피소드가 모두 이 그물에 해당한다. 이런 정보가 주어지면 '어, 나도 비슷한 일이 있었는데…' 하면서 자기 안의 경험적 지식이 삐죽 모습을 드러낸다. 드디어 물고기를 잡을 수 있는 순간이 온 것이다.

그런데 문제는 수면 가까이 올라온 물고기는 금세 깊은 바닷속으로 돌아가려는 성질이 있다는 것이다. 얼마 전 TV를 보다가 이 물고기가 얼마나 재빠르게 바닷속으로 숨는지 실감했다. 나는 평소에 좋아하는 TV 프로그램을 녹화해 두었다가 밤중에 보는 취미가 있는데 사실 이때는 TV를 보고 있는 건지, 물고기를 잡기 위해 생각하는 건지 뚜렷이 정의하기가 힘들다. TV 프로그램에 100퍼센트 집중한다기보다 50퍼센트 정도만 집중하고 있는 느낌이다. 다음 책에 대한 아이디어나 기획에 관한 내용을 항상 10가지 정도 염두에 두고 있기 때문에 집중력의 나머지 50퍼센트는 이에 대한 힌트를 찾는 일에 할애하는 편이다.

이렇게 반은 물고기를 찾아내겠다는 태도로 TV를 보다 보면 '아, 이거다!' 싶은 생각이 뇌리를 스칠 때가 있다. 마치 연상 게임을 하듯 TV에서 들리는 말을 잘못 알아듣고 아이디어가 번뜩 떠오르기도 한다. 저번에는 TV를 보면서 '사고방식을 통해 감정을 컨트롤한다'는 주제에 대해 생각하다가 '이거다!' 싶은 세 가지 아이디어

머릿속 물고기를 곧바로 잡지 않으면 금방 사라져 버린다

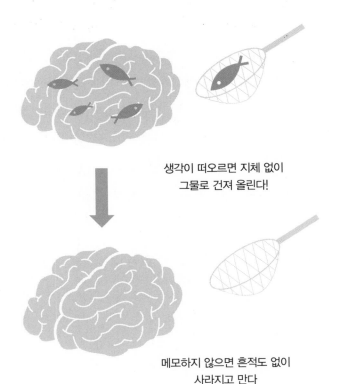

생각이 떠오르면 지체 없이
그물로 건져 올린다!

메모하지 않으면 흔적도 없이
사라지고 만다

가 떠올랐다. 바로 메모해 두지 않으면 아이디어가 사라지기 때문에 황급히 노트를 찾았다. 그렇게 두 번째 아이디어까지 적었는데 나머지 하나가 도무지 떠오르지 않았다. 분명 세 가지가 떠올랐지만 노트를 찾는 그 잠깐 사이에 잊어버린 것이다. 30분 정도 머리를 싸매고 기억을 더듬은 끝에 드디어 마지막 아이디어가 생각났다. 그 정도로 물고기는 금방 바다 밑으로 사라지고 마는 존재다.

이야기를 듣고 어떤 아이디어가 반짝 떠올랐다면 그 순간을 놓치지 말고 즉시 메모해야 한다. 그렇지 않으면 곧 잊어버리거나 기억하고 있어도 처음 떠오른 순간의 아이디어에서 변형되는 경우가 많다. 언제 어디서든 아이디어가 떠오르는 순간에 메모할 수 있도록 펜과 노트를 곁에 두는 습관을 들이도록 하자.

03

자문자답 노트로
생각을 발전시킨다

얼마 전 고등학생 아들 녀석에게 주려고 마쓰시타전기산업(파나소닉)의 창업주 마쓰시타 고노스케松下幸之助가 쓴《사업에 불가능은 없다》라는 책을 샀다. 이 책은 고노스케가 설립한 지도자 양성 학교인 마쓰시타정경숙松下政經塾에서 그가 재학생들에게 훈시한 내용 중 핵심만을 골라 정리한 책이다. 총 48가지 항목이 실려 있지만 한마디로 요약하면 '순수한 마음이 중요하다'는 말로 정리할 수 있다. 책에는 어떤 학생이 고노스케에게 다음과 같은 질문을 했다는 이야기가 나온다.

"일본 전국시대의 오다 노부나가, 도요토미 히데요시, 도쿠가와 이에야스라는 세 인물의 전혀 다른 성격을 잘 나타내 주는 것으로, '두견새가 울지 않으면 ○○한다'는 말이 있습니다. 선생님께선 '두견새가 울지 않으면⋯.' 다음에 어떤 말을 채우시겠습니까?"

정말 대단한 질문이 아닐 수 없다. 아주 구체적이면서도 대답 속에 말하는 사람의 가치관을 담아내야 하는, 본질을 파고드는 질문이다. 만일 내가 많은 학생들 앞에서 이런 질문을 받았다면 그 순간 어떻게 대처했을까? 상상만으로도 식은땀이 난다. 아마도 질문한 학생에게 이런 어려운 질문을 할 거면 미리 언질이라도 달라고 화를 낼지도 모르겠다.

일화에 따르면 오다 노부나가는 "두견새가 울지 않으면 죽여 버려라."라고 했고, 도요토미 히데요시는 "두견새가 울지 않으면 울게 만들겠다."고 했으며, 도쿠가와 이에야스는 "두견새가 울지 않으면 울 때까지 기다리겠다."는 말을 남겼다. 경영자들의 사고방식은 웬만하면 이 세 가지 답변으로 분류되지 않을까 생각된다. 나는 "두견새가 울지 않으면 그냥 포기한다."라고 답했을 것 같다. 아마도 그 자리에서 질문을 듣던 학생들도 자기라면 뭐라고 답했을지 분명 고민했을 것이다.

이처럼 이야기를 듣는 동시에 사고를 발전시키는 과정은 매우 중요하다. 이야기를 그저 듣고만 있으면 '아, 그렇구나' 하고 선뜻 흘려버리기 쉽지만 질문을 받으면 두뇌가 일을 하게 된다. 그런 의미에서 메모를 할 때 질문을 적는 것은 두뇌 회전을 위해서도 매우 바람직한 일이다. 상대방을 향해 질문을 적는 동시에 자기라면 이 질문에 어떻게 답할지 생각해 보고 노트에 메모하면 더욱 도움이 된다. 말하자면 '자문자답 노트'인 셈이다.

질문과 답을 메모해 가며 이야기를 들으면 마치 스스로 말하는 이가 된 것처럼 이야기를 할 수 있다. 즉, 위 사례의 마쓰시타 고노스케가 된 것처럼 이야기를 할 수 있다는 말이다. 그렇다면 고노스케는 학생의 질문에 뭐라고 답했을까?

"두견새가 울지 않으면 그 또한 좋은 두견새다."

역시 '순수한 마음이 중요하다'는 그다운 가치관이 드러나는 대답이다. 시대의 흐름에 맞춘 유연성도 돋보인다. 과연 경영의 신으로 불린 뛰어난 경영자답다.

04

말을 잘하고 싶다면
쓰기가 먼저다

질문과 답변을 준비하면 이야기에 변화를 줄 수 있다. 이 방법은 발표나 말을 능숙하게 하고 싶은 사람에게도 도움이 된다. 특히 강연 또는 세미나에 강연자로 섰을 때 청중을 향해 질문을 던지는 방식은 여러모로 유용하다. 일단 질문을 하는 동안에는 청중들이 졸지 않는다.

　나도 강연자로서 질문을 많이 하는 편인데 한 질문에 3초 정도 생각할 시간을 준 다음 "지금 한 질문의 답은 이러이러하다."라고 언급한 후 다음으로 넘어간다. 사람은 뭔가 질문이 주어지면 그에 대해 생각하게 되고 답을 궁금해한다. 질문은 듣는 사람의 두뇌를 깨워 활성화하고 이야기에 계속 집중하게 만든다.

실제로 청중을 향해 질문하지 않아도 일단 말하는 내용에 질문을 준비해 두면 혼자 묻고 답하는 식으로 이야기를 매끄럽게 전개할 수 있다. 만일 질문을 던졌을 때 예상치 못한 대답이 나오면 그건 그것대로 강연에 새로운 활력이 된다.

스스로 말을 못한다고 생각하는 사람은 말하기 연습에 앞서 쓰기 연습부터 하는 게 좋다. 아니, 오히려 말을 못한다고 생각하는 사람보다 '난 그럭저럭 말발이 있다'고 생각하는 사람일수록 주의해야 한다. 자신이 어떤 말을 하는지 메모해 가며 점검해 봐야 한다. 듣는 사람의 입장에서 길고 따분한 이야기를 듣는 것만큼 괴로운 일도 없으니 말이다. 단순히 말수가 많은 것을 말을 잘한다고 착각하는 경우가 있는데, 중요한 것은 이야기의 내용이다. 자신이 하는 말을 조리 있는 문장으로 옮기지 못하는 사람은 말의 수준도 낮을 가능성이 크다.

글쓰기 연습을 하면 간결하면서도 조리 있는 말하기가 가능해진다. 일단 문어文語, 즉 글말 쪽이 어휘가 훨씬 다양하다. 문어는 국어사전을 보면 알 수 있듯이 평소 사용하지 않는 단어를 비롯해 그 양이 방대하다. 반면 구어口語, 즉 입말은 1,000개 이하의 단어로도 충분히 일상생활이 가능하다. 그렇기 때문에 구어로만 이야기를 구성하면 사용하는 어휘에 한계가 있다. 어휘가 부족하면 결국 의미도 풍부해지지 못하고 단순해질 수밖에 없다.

문어를 사용해 이야기를 구성하면 의미가 단순해지는 것을 방지하고 문장이 한층 정돈된다. 이런 장점은 이야기에 고스란히 드러난다. 게다가 노트에 메모를 하는 것 자체가 이야기의 소재를 쌓는 길이다.

나는 대학교 강의를 위해 오랫동안 노트를 만들어 왔다. 강의 초창기에는 한 시간 반짜리 강의를 위해 20시간 이상을 준비한 적도 있었다. 강의를 위해 이야기를 정돈하고 압축하다 보면 준비에 많은 시간이 걸릴 수밖에 없다. 이렇게 오랜 시간과 정성을 들여 완성한 강의 노트는 나만의 소중한 재산이 된다. 그만큼 이야깃거리를 많이 갖고 있다는 뜻이기도 하다.

대학에서 한 학기에 한 시간 반짜리 강의가 15회 있으면 1년에는 총 30회 강의를 하게 된다. 일회성으로 한 시간 반짜리 강의를 할 때는 재미있는 에피소드들이 빵빵 터지지만 30회나 되는 강의를 모두 그런 식으로 진행할 수 있는 사람은 드물다. 대학에서는 종종 언론인들을 일일 강사로 초빙해서 강의를 듣는데, 대개 아주 흥미롭고 재미있다. 하지만 이 외부 강사가 다른 과에 가서 똑같은 이야기를 하고 그곳에 그의 강의를 들은 학생이 있다면 '다른 수업에서도 똑같이 말했는데….'라며 금세 지루해 할 것이다. 늘 같은 이야기를 반복하거나 소재에 한계를 느낀다면 이는 준비가 부족하다는 뜻이다. 하지만 강의 노트를 성실하게 준비하면 적어도 같은 말만 반복한다는 평가를 받지는 않을 것이다.

물론 강의 노트만 충실히 따라가며 이야기할 경우 분위기를 띄우기가 쉽지 않을 수 있다. 강의 현장에 따라 적절히 변화를 주지 않으면 청중이 이야기에 집중하고 싶어도 의욕이 꺾여 버린다. 이 점을 염두에 두고 강의에 따라 유연하게 대처할 필요가 있다. 나는 강의 노트를 기본으로 여기에 3~4권의 책을 조합해서 강의한다는 틀을 가지고 있다. 그리고 TV에서 본 이야기나 주변에서 얻은 정보를 곁들이기도 한다. 어느 정도 익숙해지면 나중에는 강의 노트에 일일이 의존하지 않아도 된다. 이때 새롭게 얻은 정보를 있는 그대로 전하는 방식은 재미가 없다. 자기만의 강의 스타일과 내용에 맞게 반드시 가공을 거쳐야 한다.

실패하지 않는 이야기의 조건

....

앞서 언급했던 마쓰시타 고노스케의 일화를 강의 시간에 활용한다고 가정해 보자.

"어떤 학생이 '두견새가 울지 않으면 ○○한다'는 말의 빈칸을 어떻게 채울 건지 마쓰시타 고노스케에게 질문했다고 합니다. 어떤 가요? 여러분이 고노스케라면 뭐라고 답하겠습니까?"

학생들에게 질문을 던진 후 조금 시간을 두었다가 답을 공개한다. 덧붙여 의미도 함께 설명한다.

"마쓰시타 고노스케는 순수한 마음이 중요하다는 자신의 철학을 일관되게 드러내고 있습니다."

이로써 강의에 하나의 소재를 활용했다. 하지만 이대로 끝내면 분위기가 따분해지기 쉽다. 이 정도로는 누구나 말할 수 있는 에피소드의 범주에서 벗어나지 못한다. 여기에 이어 "순수한 마음을 바탕으로 성공한 사람의 이야기를 하니 예전에 알았던 어떤 인물이 떠오르네요." 하면서 자신의 경험담으로 이야기를 연결시키면 듣는 사람을 따분하게 하지 않으면서도 이야기가 풍부해진다.

뛰어난 이야기꾼이 되고 싶다면 평소에 자신의 경험적 지식과 연결되는 내용을 메모해 두는 습관을 들여야 한다. 평소 이야깃거리를 메모해 두었다가 몇몇 사람들에게 들려주면서 내용을 가다듬다 보면 '어떤 상황에서 말을 꺼내도 실패하지 않는 이야기'가 만들어진다. 또 여러 번의 연습을 통해 웃음을 주는 포인트를 깨닫게 되면서 말솜씨도 일취월장한다. 〈마쓰모토 히토시의 실패 없는 이야기〉松本人志のすべらない話라는 인기 예능 프로그램을 보면, 자기 순서가 다가오는 개그맨들이 무대에 오르기 앞서 소재 노트를 확인하는 모

습이 종종 카메라에 잡힌다. 이들은 '실패 없는 이야기'라는 이름을 내건 프로그램을 위해서만이 아니라 평소에도 개그를 짜고 파트너와 호흡을 맞추기 위해 항상 재미있는 이야기를 소재 노트에 가득 메모해 둔다.

프로 개그맨조차 메모를 하면서 이야기의 소재를 모으고 다듬는 것이다. 사람의 마음을 끌어당기는 '실패 없는 이야기'를 하고 싶다면 다른 무엇보다 메모가 가장 효과적이다. 아무런 준비 없이 현장에서 즉흥적으로 알차고 재미있게 이야기한다는 건 베테랑 강사도 불가능한 일이다. 노트에 소재를 메모하고 다듬고 연습하는 과정을 수없이 거쳐야만 실패 없는 이야기 하나가 완성된다. 그렇게 노트를 '실패 없는 이야기'로 꽉 채워야 비로소 대단한 이야기꾼이라는 평가를 받을 수 있다.

05

회의, 면접에
도움이 되는 메모 기술

갑작스러운 질문에도 금방 대답이 튀어나오는 사람을 우리는 '두뇌 회전이 빠른 사람'이라고 평가한다. 이런 순발력 역시 훈련으로 얼마든지 키울 수 있다. 비즈니스 세미나에서 강연을 할 때 나는 딱히 누군가를 지정해 질문하거나 대답을 듣지는 않는다. 다만 "지금까지 이야기한 내용과 관련해서 어떤 에피소드가 떠오른 분들은 손뼉을 한번 쳐볼까요?"라고 말한다. 처음에는 아무도 손뼉을 치지 않고 강연장이 쥐죽은 듯 조용해진다. 하지만 이야기를 들으면서 메모하는 사람들이 많으면 참석자의 반 이상이 손뼉을 친다.

이야기를 들으면서 동시에 자신의 의견을 메모해 두면 "혹시 질문 있나요?", "지금 말한 내용에 대해 어떻게 생각하십니까?"와 같은 갑작스러운 질문에도 막힘없이 대답할 수 있다. 대개 누군가 질문을 하거나 의견을 물어보면 3초 이내에 말하는 것이 바람직하다. 나 역시 강의를 하다가 "질문 있으십니까?"라고 질문하고 나서 속으로 셋까지 센 후 다음 이야기로 넘어간다. 물론 성미가 급한 탓도 없잖아 있지만 말이다.

보통 업무 처리 능력이 뛰어난 사람은 머리 회전이 빠르다. 그들이 머리 회전이 빠른 것처럼 보이는 이유는 상대방의 말을 그냥 듣지 않고 뒤에 이어질 질문이나 멘트를 예측하면서 듣기 때문이다. 상대방의 의견에 자기 의견을 덧붙이면서 생기는 의문이나 생각 등을 동시에 기록하기 때문에 "뭔가 질문이 있나요?", "다른 의견이 있나요?" 하고 물었을 때 지체 없이 말을 꺼낼 수 있고 대화를 자연스럽게 이어 갈 수 있다.

TV 방송에 출연하다 보면 질문을 받고 의견을 말해야 할 때가 자주 있다. 이때 카메라 앞에서 3초 이상 침묵을 지키고 있으면 바로 편집되어버리고 만다. 뭔가 의견이 없는 사람처럼 보일 수도 있고 시청자가 지루해 하기 때문이다. 적어도 1초 안에는 말을 해야 하는 것이 방송가의 암묵적인 룰인 것 같다. 질문을 듣고 나서야 생각하기 시작하면 방송에서 멘트를 할 수 없다. 자료 화면을 보거나 패널들의 이야기를 듣다 보면 이야기의 맥락상 다음에 나올 질문이 무엇인지 예측해 볼 수 있으므로 '이런 질문을 받으면 이렇게 말해야지'라고 생각하면서 속으로 준비해야 한다.

적절한 타이밍에 의견을 말하기 위해서는 이처럼 생각을 미리 준비해 두는 자세가 필요하다. 이런 태도는 무엇보다 메모하는 습관을 통해 훈련할 수 있다. 질문을 받았을 때 뭐라고 말하면 좋을지 노트에 메모해 가며 이야기를 들으면 된다.

이렇게 의견을 준비해 두는 것은 면접을 볼 때도 도움이 된다. 면접에서 질문이 주어졌을 때 3초 안에 막힘없이 대답하고 안정적인 속도로 이야기를 이어 나간다면 다른 지원자들보다 높은 평가를 받을 수 있다. 회의나 여러 사람이 모이는 자리에서도 질문이나 의견을 말해 달라는 요구에 재치 있게 대답하면 분위기를 주도적으로 이끌 수 있다. 주변의 평가가 좋아지는 것은 물론이다.

강연과 책을
나만의 스승으로 만드는 법

해마다 더욱 다양한 강연회가 열리고 비즈니스 세미나 역시 이곳저곳에서 자주 개최되고 있다. 요즘에는 강연이 상한가를 치고 있다고 해도 과언은 아니다. 물론 흥미나 관심에 따라 강연을 잘 골라야 하겠지만 일단 강연회에 참석해 이야기를 듣는 것은 분명 추천할 만한 일이다. 강연회에 참석하면 강사의 육성을 통해 현장감을 생생히 느낄 수 있다. 강연자의 목소리에는 감정이 녹아 있고 인간성이 묻어난다. 한 공간에 함께 있기 때문에 강연자와 참석자 사이에 묘한 일체감도 형성된다.

차분하게 내용을 이해하고 싶을 때는 책을 읽는 편이 낫겠지만 감정이입의 측면에서는 확실히 강연 쪽이 몰입도가 뛰어나다. 강연이 진행되는 동안 메모를 하다 보면 강연자의 생각과 내 생각이 절묘하게 이어지는 느낌이 들 때가 있다. 이렇게 강연을 듣고 나면 지적 욕구가 충족돼 약간 흥분되고 기분 좋은 상태가 얼마간 지속된다. 이때 감동이 완전히 사그라지기 전에 강연자가 쓴 책을 읽으면 현장의 여운이 되살아나 책에 대한 이해도가 높아진다. 같은 책을 읽더라도 저자를 한번 만나고 나면 훨씬 몰입이 잘된다.

그렇게 한동안 강연자의 팬이 되어 그 사람을 따르는 것은 긍정적인 현상이다. 한 가지 덧붙이면 3개월마다 스승을 바꾸기를 추천한다. 3개월 정도 한 사람의 강연이나 책으로 공부한 후에는 다시 스승을 찾아서 새로운 관점을 접하는 것이 바람직하다. 꼭 3개월이 아니더라도 기간을 정해 놓고 가르침을 받는다고 생각하면 쉽다. 물론 시간이 어느 정도 지나 예전에 스승으로 삼았던 인물을 다시 만날 때도 있다. 그 사람에게 가장 열중했을 때처럼 기억이 생생하진 않아도 한번 파고들었던 경험이 있으므로 머릿속에는 분명 그 사람의 가르침이 녹아 있다. 따라서 스승을 계속 늘려 가는 것이 사고력을 점점 확장하는 길이다.

오직 한 사람으로 스승을 한정하면 다른 관점은 제쳐 두고 그 사람의 가치관만 중시할 우려가 있다. 아무리 훌륭하고 배울 점이 많은 사람이라도 생각의 치우침은 있기 마련이다. 어느 한 사람만을 좇다 보면 시야가 좁아질 수 있다. 작가, 철학자, 기업인, 스포츠 스타에 이르기까지 스승으로 삼을 사람은 세상에 무궁무진하다. 스승의 면면이 다채로울수록 배움의 폭과 사고의 폭도 커진다.

나는 봄에는 니체, 겨울에는 도스토옙스키처럼 계절마다 스승을 바꾸는 편이다. 가능하면 한 번에 세 명 정도의 스승을 골라 계절에 따라 한 사람씩 바꿔 가는 방식을 추천한다.

간디를 스승으로 삼은 마틴 루서 킹

. . . .

강연이나 독서를 통해 본격적인 가르침을 얻은 대표적인 인물로 마틴 루서 킹 목사를 꼽을 수 있다. 킹 목사는 대학생 때 인근에서 열린 한 강연회에 참석했다. 하워드 대학교 총장인 모디카이 존슨 박사의 강연이었다. 독립한 지 얼마 되지 않은 인도 여행을 마치고 돌아온 존슨 박사는 강연에서 간디가 어떻게 민중을 이끌었는지에 대해 열정적으로 이야기를 이어 나갔다.

알다시피 간디는 인도의 독립을 위해 총을 들지 않았다. 대신 비폭력·불복종 운동을 전개했다. 이런 간디의 사상과 생애를 들은 킹 목사는 오랫동안 지니고 있던 의문이 풀린 느낌을 받았다. 예수의 가르침 중에는 "오른쪽 뺨을 맞으면 왼쪽 뺨을 대라.", "원수를 사랑하라."라는 말이 있다. 킹 목사는 이 가르침에 큰 혼란을 느끼고 있었다.

"예수의 가르침은 개인 대 개인의 관계에서는 분명 성립된다. 하지만 흑인 대 백인이라는 구조에서는 그 한계가 여실히 드러난다. 이 시대에는 흑인만 오른쪽 뺨을 세차게 두드려 맞고 있다. 왼쪽 뺨을 내준다고 해결될 리 없지 않은가!"

하지만 간디의 이야기를 듣고 비로소 의문을 풀 수 있었다. 폭력을 쓰지 않고 저항하여 인도를 독립으로 이끈 간디의 방식은 원수까지도 사랑으로 감싼 예수의 가르침 그대로였다. 강연회가 끝나자마자 킹 목사는 서점으로 달려가 간디에 대한 책을 모조리 사들였다. 그리고 간디의 사상과 방법을 가슴에 새겼다.

그가 모델로 삼은 간디의 행동은 바로 '행진'이었다. 간디는 영국 식민지 정부의 주도로 이뤄진 소금 전매에 저항하기 위해 폭력이 아닌 행진을 택했다. '소금 행진'이라고도 불리는 이 사건은 전 세계의 주목을 받은 간디의 대표적인 저항운동이다. 여기에 깊은 감명을 받은 킹 목사는 간디와 같이 행진을 통해 인종차별에 저항했다. 20만 명 이상이 모인 역사적인 대행진은 전 세계에 보도되면서 수많은 이를 감동시켰다. 어느 날 우연히 들은 강연을 계기로 킹 목사는 자기 혁신을 넘어 역사를 바꾼 것이다.

강연을 통해 어떤 영감을 얻었을 때 그것이 사라지기 전에 관련된 책을 읽고 가르침과 생각을 다지는 것은 굉장히 유용한 학습법이다. 이런 학습법은 특히 직장인에게 적합하다. 관성적이고 수동적인 '듣기'로 이루어지는 학교 수업과 달리 강연은 참석자가 의지를 갖고 적극적으로 '참여'하는 형태를 띠기 때문이다. 그래서 감정의 몰입도가 학교에서 이뤄지는 일반적인 수업과 무척 다르다.

그러므로 강연자가 쓴 책도 좋고 강연 속에 나온 인물이 쓴 책이어도 상관없다. 강연의 감동이 완전히 사그라지기 전에 무엇이든 읽어 보는 것이 중요하다. 참고로 강연회에서 메모를 할 때는 스프링 노트가 적합하다. 책상이 따로 없는 경우가 많으므로 접어서 받침으로 활용할 수 있는 노트가 쓰기 편하다. 만약 노트를 준비하지 못했다면 강연회의 팸플릿 여백에 메모해도 된다. 어떤 종이에든 메모하는 행동 자체가 중요하다. 노트가 없다고 그냥 흘려듣고 마는 것은 아까운 일이다.

강연의 내용과 여기서 받은 영감이 고스란히 메모된 노트는 강연의 감동스러운 기록일 뿐 아니라 내 삶을 변화시키는 기록이자 나만의 귀중한 재산이라는 사실을 기억해 두자.

07

지루한 이야기에서도
의미를 찾아내는 메모의 힘

세미나에 참석했는데 강연자가 너무 뻔한 이야기만 해서 지루할 때는 어떻게 하면 좋을까? 어느 날 사장이나 상사와 대화하게 됐는데 이야기가 지루할 때는 어쩌면 좋을까? 강연이나 대화 중 '누구나 아는 얘기잖아', '그런 당연한 소릴 왜 하는 거지' 같은 생각이 들면 이야기를 들으려는 의욕은 더욱 떨어지고 그 상황에서 벗어나고만 싶을 것이다. 하지만 자리를 피할 수 없어 아무 생각 없이 있기에는 그 시간이 너무 아깝다. 이런 시간을 유용하게 보낼 방법이 하나 있다. 바로 '영감 inspiration 노트'를 쓰는 것이다.

대부분의 이야기를 이해하고 있다면 노트에 내용을 많이 적을 필요는 없다. 대신 한마디로 내용을 요약해 보거나 화자의 이야기와 관련된 나만의 경험담이나 떠오르는 아이디어를 메모하는 데 주력하자. 아무리 지루한 이야기라도 그 속에는 반드시 어떤 영감이 존재한다. 아니면 '내가 평범한 이야기라고 생각했을 뿐, 사실 그 말에 어떤 깊은 의미가 숨어 있는 건 아닐까?' 하고 의심하며 듣는 것도 좋다. 내용을 짧게 요약하는 수준에서 그치지 말고 삼단논법 형식으로 이야기를 분석하고 정리해서 나중에 이 이야기를 누군가에게도 할 수 있게끔 메모하도록 하자.

앞서 소개한 마쓰시타 고노스케의 《사업에 불가능은 없다》를 예로 들어보자. 전체적으로 봤을 때 이 책은 '순수한 마음이 중요하다'는 말로 요약할 수 있다. 여러 가지 항목을 나눠 소개하고 있지만 어떤 이야기든 비슷하게 느껴진다. 하지만 좀 더 주의 깊게 책을 들여다보면 생각지 못한 또 다른 깨달음을 얻을 수 있다.

예를 들어 책에는 "진정 순수한 인물은 도요토미 히데요시가 아닐까 한다."라는 고노스케의 말이 실려 있다. 어째서 도요토미 히데요시가 가장 순수한 사람이냐는 질문에 그는 "히데요시가 당시의 도덕관념에 따랐기 때문"이라고 말한다. 옛 고전에 종종 등장하는 '불구대천의 원수'不俱戴天之讎는 말 그대로 섬기던 주인의 적이나 부모의 원수와는 한 하늘에서 더불어 살 수 없다는 뜻이다. 즉, 과거

일본에는 불구대천의 원수가 생기면 상대를 쓰러뜨리든지, 내가 죽든지 하나를 택해야 하는 사회적 통념이 있었다. 주군으로 섬기던 오다 노부나가가 부하 아케치 미쓰히데의 배신으로 죽게 되자 히데요시는 당시의 도덕관념에 따라 누구보다 먼저 미쓰히데를 쓰러뜨리러 떠났다.

전략이라든가 전술 같은 것 이상으로 도리를 따른다는 점이 중요하다. 자신의 처지에서 '무엇이 올바른가' 하는 판단에 따라 결행하는 것이다. 이겼으면 좋겠다든가, 지면 큰일이라는 생각은 쓸데없는 것이다. 이겨도 좋고 져도 상관없다. '해야 할 일을 한다'는 생각이 중요하다. 그렇게 단호하게 마음을 비우지 못하면 큰일을 결정하고 행할 수 없다.

《사업에 불가능은 없다》, 마쓰시타 고노스케, 청림출판, 2013

이 말은 간단히 '전략·전술보다 순수한 마음이 중요하다'로 요약할 수 있다. 하지만 이 이야기를 다른 사람에게 다시 들려주기 위해 세 단계로 나눠 보면 다음과 같다.

1. 대업을 이루는 데는 전략이나 전술 이상으로 순수한 마음이 중요하다.

2. 도요토미 히데요시는 누구보다 순수한 마음을 지닌 사람이다.

3. 히데요시의 순수함은 도덕관념에 따른 순수함이다.

위와 같은 논리를 따라가다 보면 결국 다시 1로 돌아가 '그렇기에 대업을 이루는 데는 전략이나 전술 이상으로 순수한 마음이 중요하다'로 이야기가 마무리된다.

사람들은 대개 중요하지 않다고 생각하면 이야기를 한 귀로 듣고 한 귀로 흘려버린다. 하지만 위와 같이 내용을 정리하면 뻔한 이야기에도 나름대로 논리가 숨어 있고, 애초에 도요토미 히데요시를 순수한 사람이라고 여긴 발상 자체가 대단하다는 등의 새로운 깨달음을 얻는다. 언뜻 평범해 보이는 이야기라도 듣는 방식에 따라 얼마든지 신선한 깨달음을 얻을 수 있다.

08

자기만의 메모로
안목을 키워라

강연을 들으면서 질문이나 감상, 의견을 메모해 보라고 했더니 어떤 사람이 자신의 경험을 들려준 적 있다. 그는 강연회에 참석해서 이야기를 듣다가 떠오르는 생각을 초록색 볼펜으로 말풍선 안에 적어 넣었다고 한다. 그런데 적고 보니 '그건 이미 알겠는데…'라고 쓴 말풍선만 가득했다는 것이다. 그래도 상관없다. 오히려 자신의 수준이 강연 내용을 넘어섰다는 사실을 알게 된 계기로 생각하면 된다.

별다른 의식 없이 듣다 보면 어떤 이야기든 비슷하게 들릴 수 있다. 게다가 강연회에 자주 참석하다 보면 어떤 강연을 듣더라도 '재미있었어' 또는 '왠지 지루했어' 같은 대략적인 감상만 느껴질 때가 온다. 하지만 메모를 하며 들으면 그래도 좀 다르다. '오늘은 기억 속 물고기를 얼마나 잡을까?' 하는 즐거운 기분으로 강연자의 이야기에 귀를 기울일 수도 있다.

나만의 감상 한마디를 메모하는 일이 습관이 되면 이야기의 깊이도 가늠할 수 있다. 요컨대 이야기에 대한 안목이 생기는 것이다. 어떤 이야기는 장황하게 늘어놓는 말에 비해 내용은 별로거나 뭔가 중요한 요소가 하나도 없는 것 같은 느낌을 받을 때가 있다. 때로는 얼마 되지 않는 내용을 너무 천천히 말해서 듣다가 감질나는 경우도 있다. 결국 문제는 의미 있는 내용의 비율이다. 이야기 속에 의미 있는 내용이 얼마나 많이 담겨 있는지 파악할 수 있어야 한다.

노트에 짧은 감상을 메모하면서 들으면 그 비율을 대략적으로 파악할 수 있다. 의미 있는 내용을 가려낼 줄 아는 안목이 생기면 언젠가 말하는 사람의 입장이 되더라도 의미 있는 이야기를 하려고 신경 쓰게 된다. 이처럼 노트에 질문과 감상, 의견을 메모하는 습관을 들이면 이야기에 대한 안목을 키우고 자신의 이야기 수준을 높이는 데 도움이 된다.

09

학습 효과가 높아지는
노트 쓰기의 기술

자격시험이나 대학 입시를 위해 공부하다가 문제를 틀리거나 업무를 처리하는 와중에 뭔가 실수가 있었을 때 이런 부분을 노트에 메모해 두면 상당한 도움이 된다. 이렇게 틀린 문제나 잘못된 일을 메모하는 오답 노트는 메모를 가장 유용하게 활용하는 방법이다.

자격시험이나 대학 입시 같은 경우에는 시험장에서 문제를 풀어야 하기 때문에 일단 문제집을 많이 접하는 것이 관건이다. 문제는 풀지 않은 채 무턱대고 노트만 만드는 행동은 아무런 소용이 없다. 문제를 푼 다음에는 너무 깊이 고민하지 말고 해답을 찾아본다.

이때 정답만 적혀 있기보다 해설이 자세하게 실려 있는 문제집을 활용하면 좋다. 해설을 읽고 중요하다고 생각되는 부분은 빨간색 펜으로 밑줄을 긋도록 하자.

틀린 문제는 조금 시간이 지난 후 다시 풀어 봐야 한다. 그런데 풀다 보면 저번에 분명 해답을 보고 공부했는데 또다시 손을 대지 못하는 문제가 분명 나온다. 해답을 찾아보면 빨간색 표시까지 돼 있다. '그래, 이 부분이 포인트라고 표시까지 했는데 왜 생각이 안 났지?' 하는 답답함이 밀려온다. 이런 문제는 한마디로 자신과 궁합이 안 맞는 문제다.

이렇게 공부하고도 자꾸 틀리는 문제들을 노트에 따로 정리하면 학습 효과가 두드러지게 상승한다. 영어 단어만 봐도 그렇다. 단어집을 보면서 바로 외워지는 단어도 있지만 끝까지 외워지지 않는 나와 상극인 단어들이 꼭 있다. 이런 부류는 따로 쭉 적어서 목록을 만든다. 노트에 적을 때는 한 장을 반으로 접어 왼쪽에는 영어 단어를, 오른쪽에는 그 뜻을 적도록 한다. 이렇게 적어 놓으면 한 번은 영어를 보고 뜻을 말하고 다음에는 뜻을 보고 영어를 말하는 식으로 단어를 손쉽게 외울 수 있다. 영어와 뜻을 번갈아 보면서 외우기를 몇 번 반복하다 보면 점점 단어와 뜻을 말하는 속도가 빨라진다. 속도가 빨라질수록 머릿속에 자리를 잡아 간다고 보면 된다.

암기를 할 때는 나름의 규칙을 정하는 게 좋다. 예를 들면 '단어를 보고 2초 안에 뜻을 말할 수 있도록 외운다. 3초가 걸리면 아웃이다!'와 같이 스스로 규칙을 세워 연습하는 것이다. 또한 노트를 반 접어서 외우는 방법은 다른 암기에도 매우 효과적이다. 왼쪽에 질문을 적고 오른쪽에 답을 적는 식으로 얼마든지 나만의 일문일답 노트를 만들 수 있다.

공부를 잘하는 사람들은 노트를 자신만의 학습 도구로 활용하는 요령을 잘 알고 있다. 교과서나 참고서의 내용을 그대로 노트에 옮기는 것은 효율성이 한참 떨어지는 공부 방법이다. 옮겨 적는 시간은 가능한 한 짧게 하고 실제로 공부하는 시간에 에너지를 쏟아야 한다. 따라서 모든 내용을 옮기지 말고 틀리거나 실수한 부분만을 적는 게 바람직하다. 이런 기준 없이 이것저것 노트에 쭉 적다 보면 나중에는 어떤 부분을 공부해야 할지 헷갈리고 제대로 외워지지도 않는다. 아는 내용과 모르는 내용이 뒤섞여 있을수록 효율성은 떨어질 수밖에 없다. '어렵다고 느끼거나 자주 틀리는 문제를 한데 모아 적는 것'이 가장 중요한 포인트다.

오답 유형과 핵심 노트를
성장의 밑거름으로 삼아라

....

틀린 문제를 노트에 메모해서 '오답 유형과 핵심 모음집'을 만드는

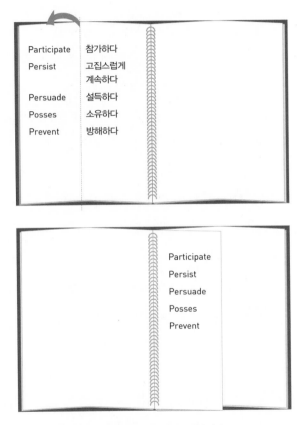

노트를 반으로 접으면 효과적이다

것도 유용한 공부 비법이다. 예를 들어 수학 문제를 풀고 답을 맞춰 볼 때 틀린 문제에는 해답을 빨간색으로 적어 넣는다. 풀다가 막혔던 부분에는 화살표를 그리고 막힌 이유를 써 넣도록 한다. 이 문제를 풀기 위한 포인트는 무엇인지 글로 확실하게 표현하는 과정이 중요하다. '아까는 이런 식으로 생각했기 때문에 여기서 막혀 버렸다. 이렇게 했으면 됐을 텐데!' 하고 간단히 메모하면 된다. 하지만 이렇게까지 메모하는 사람은 별로 보지 못했다.

문제는 푸는 것보다 풀고 난 후가 훨씬 중요하다. 문제를 풀고 난 후의 행동은 다음 네 가지 단계로 분류할 수 있는데 가장 최악이 문제를 풀고 나서 아무런 행동을 하지 않는 단계다. 심지어 답도 맞춰 보지 않는 경우도 있다. 두 번째는 정답만 확인하고 '아, 그렇구나' 하면서 마치 그 문제를 이해한 듯 넘어가는 단계다. 여기서 한 단계 발전하면 자신이 쓴 답과 해답을 비교해 보고 부족한 부분을 노트에 메모한다. 마지막 단계는 틀린 원인이 무엇인지 노트에 글로 풀어서 정리하고 요점을 화살표나 말풍선을 그려 적어 넣는다. 이것이 가장 바람직한 단계다.

틀린 원인을 노트에 메모해 두면 '이런 유형의 문제는 이 점만 파악하면 누구나 풀 수 있다'는 해법이 보이기 시작한다. 유형에 따른 문제풀이 전략이 정리된 나만의 '오답 유형과 핵심 모음집'이 만들어지는 것이다. 일부러 오답이나 요점을 뽑아내 다시 노트를 만

○월 △일 문제집 A에 있는 문제

정답 350엔

매출원가는
매출액에 대응하는
매입원가!

50엔(X)

150엔×7개−100엔×7개=350엔(O)

공식

매출원가 = 당기 매입액 + 기초상품 재고액
− 기말상품 재고액

드는 일은 힘들고 귀찮은 작업이다. 대신 처음부터 이 부분을 빨간
색이나 초록색 펜으로 확실히 적어 두면 금세 오답 노트가 만들어
지고 노트를 펴 보기만 해도 유형이나 포인트가 눈에 쏙쏙 들어온
다. 시험을 앞두고 이 노트를 반복해서 보면 자신이 쉽게 틀리는 유

형을 확실히 파악하고 기억하게 된다.

노트를 만들 때 문제나 해답을 복사해서 붙이면 수고를 덜 수 있다. 상황에 따라 이런 방법을 적절히 사용하면 좋다. 단순 작업에 시간을 빼앗기지 않는 것이 무엇보다 중요하다. 특히 수학 문제를 풀 때는 적당히 아무 종이에다 문제를 풀고 버리는 경우가 많다. 따로 수학 연습장을 마련해도 일단 문제를 풀고 나면 대부분 연습장을 다시 들춰 보지 않는다. 하지만 유형과 요점을 정리해 오답 노트를 만들어 두면 자주 들춰 보면서 자신의 약점을 확실히 깨달을 수 있어 노트를 함부로 버리지 않게 된다.

문제를 풀 수 있는지 없는지만 확인하고 넘어가는 것은 매우 어리석은 태도다. 틀렸을 때가 바로 노트를 꺼내야 할 타이밍이라는 사실을 꼭 머릿속에 새겨 두었으면 한다. 오답 노트를 만들다 보면 문제를 많이 틀릴수록 오히려 기분이 좋아진다. 유형과 핵심 노트에 쌓여 가는 내용들이 나를 더 성장시킨다는 사실을 알기 때문이다.

10

메모하고, 기억하고, 개선하라

실수를 노트에 메모해 두는 습관은 직장인에게도 도움이 된다. 실수하는 패턴을 파악하면 개선점이 보이기 때문이다. '이런 경우에는 이렇게 해결하면 된다!'는 식으로 똑같이 유형과 핵심 모음집을 만들면 업무 능력이 빠르게 향상된다.

실수가 일어나는 패턴은 의외로 단순한 데 숨어 있기도 한다. 예를 들어 메시지 전달이 원활하게 이뤄지지 않는 것도 실수의 한 유형으로 꼽을 수 있다. 대학교 강의 시간에 학생들과 '말 전하기 게임'을 통해 실험을 해 본 적이 있다. 조직 내에서 일이 원활하게 진행되지 않는다면 지시 사항 같은 메시지 전달에 문제가 있지 않은지 살펴봐야 한다. 직장인에게 메시지 전달은 업무를 수행하는 데 매우 중요한 요소다. 종종 부하직원에게 어떤 일을 지시했는데 전혀 진행돼 있지 않아 상사가 화를 내는 경우가 있다. 이는 애초에 메시지 전달이 제대로 이뤄지지 않았을 확률이 크다.

내가 강의 시간에 진행했던 말 전하기 게임 방법은 다음과 같다. 우선 학생들을 10명씩 세 팀으로 나눈 뒤 각 팀의 맨 앞 사람에게 짧은 글을 읽어 준다. 이 글을 들은 첫 번째 학생이 다음 사람에게 내용을 전달하면 그 사람이 다시 그다음 사람에게 내용을 전달하는 식으로 마지막 10번째 학생까지 이어 가는 방식이다. 첫 번째 학생에게는 아래와 같은 글을 읽어 주었다.

2009년도 각국의 교육 부분 국비 지출 비율에 관한 OECD의 조사 결과에 따르면 일본은 조사 대상이 된 28개국 중 27위를 차지했다. 3.3퍼센트라는 일본의 국비 지출 비율은 조사국 평균인 4.7퍼센트에 비해 극히 낮은 수치였다. 민주당은 자녀수당이나 고등학교 무상교육 같은 정책을 공약으로 내세우고 있지만, 정권 여당으로서 이 같은 낮은 수치를 개선하기 위해 보다 효과적인 정책을 내놓을 필요가 있어 보인다.

우선 부교재를 포함한 교과서 관련 예산을 늘리는 일이 급선무다.

그중에서도 초등학교 국어교과서는 예산이 적어 수량이 부족한 문제까지 발생했다. 관련 예산을 세 배 늘려서라도 문제를 조속히 개선하기를 기대해 본다.

이 글이 10명을 거치면서 어떤 내용으로 변해 갔을까? 그 결과는 깜짝 놀랄 정도였다. 변한 정도가 아니라 원래 내용이 흔적도 없이 사라져 버렸기 때문이다. 만약 첫 번째 학생이 노트에 적으면서 듣고 다음 사람도 메모를 하면서 말을 전달하는 식으로 진행했다면 분명 마지막 사람에게 정확한 문장이 전달됐을 것이다. 하지만 메모하지 않은 상태에서 단지 귀로 듣기만 하면 이처럼 엄청난 오류가 발생한다.

말하거나 들으면서
메모하는 기술

비즈니스 현장에서는 종이나 노트가 없어서 메모를 할 수 없는 상황도 분명 존재한다. 따라서 지금까지 메모해 왔던 경험을 살려 이제는 메모와 말하기를 동시에 진행하는 기술에 도전해 봤으면 한다. 즉, 말을 하거나 들으면서 머릿속에 메모를 하는 것이다.

앞의 말 전하기 게임에서 학생들에게 읽어 준 문장을 다시 예로 들어 보자. '2009년도 각국의 교육 부분 국비 지출 비율에 관한 OECD의 조사 결과에 따르면 일본은 조사 대상 28개국 중 27위를 차지했다'는 문장을 요약하면 '일본의 교육에 대한 국비 지출 비율이 이상하리만치 낮다'는 말이다. '28개국 중 27위'라는 세세한 정보는 기억하지 못해도 상관없다. '꼴찌에서 두 번째'라거나 '낮다'는 의미만 전달하면 된다.

아마도 맨 처음 학생이 '꼴찌에서 2등'이라고 다음 사람에게 말했다면 '꼴찌에서 2등, 꼴찌에서 2등….' 하면서 이 말만은 마지막 사람에게까지 전해졌을지 모른다. '일본의 교육에 대한 국비 지출 비율은 꼴찌에서 두 번째일 정도로 낮다. 평균과 비교해 봐도 상당히 낮은 수치다. 민주당이 여러 가지 힘쓰고는 있지만 먼저 교과서에 관한 예산을 늘리는 것이 중요하다.' 이 정도로만 전달해도 아마 글의 취지는 모두 파악될 것이다.

이런 방법은 요점을 메모하는 것과 똑같다. 처음부터 모든 문장을 외우려고 하면 뇌에 과부하가 걸려 중간에 포기하게 된다. '2009년도 각국의 교육 부분 국비 지출 비율에 관한 OECD의 조사 결과에 따르면….' 하면서 문장을 통째로 외우려고 시도하는 것은 무모한 일이다. 문장 전체를 똑같이 재연하겠다는 욕심을 버리고 포인트를 파악하면서 들어야 한다.

요점을 머릿속에 메모한다는 말은 머리를 노트처럼 활용해 요

머릿속에 메모할 때도 세 가지 포인트로 정리하라

2009년도 각국의 교육 부분 국비 지출 비율에 관한 OECD의 조사 결과에 따르면 일본은 조사 대상이 된 28개국 중 27위를 차지했다. 3.3퍼센트라는 일본의 국비 지출 비율은 조사국 평균인 4.7퍼센트에 비해 극히 낮은 수치였다. 민주당은 자녀수당이나 고등학교 무상교육이란 정책을 공약으로 내세우고 있지만, 정권 여당으로서 이 같은 낮은 수치를…

2009년도 각국의 교육 부분 국비 지출 비율에 관한 OECD의 조사 결과 중 … 몇 위라고?

① 일본의 교육에 대한 국비 지출은 굉장히 적다. 꼴찌에서 2등
② 민주당은 여기에 대한 정책을 내놓고 있다
③ 교과서 예산을 늘리는 일이 급선무

이야기의 포인트를 세 가지로 정리하면 기억하기 쉽다

점을 기억한다는 뜻이다. 물이 흘러가는 모습을 바라보듯 멍하니 이야기를 흘려듣지 말고 귀로 듣는 동시에 머릿속에서 필요한 내용과 필요 없는 내용을 분리수거를 하듯 구분해야 한다. 머리에 메모한다는 생각으로 이야기에 집중하면 메시지의 전달도 순조롭게 이뤄질 수 있다.

제3장에서도 강조했듯이 요점을 세 가지로 정리하는 훈련을 꼭 실천하기 바란다. 머릿속에서 메모를 하는 데 분명 도움이 될 것이다.

제6장

아이디어가
샘솟는
메모의 기술

01

아이디어는
종이 위에서 탄생한다

기획과 구상은 꼭 기획 업무를 담당하는 사람이 아니더라도 모두에게 필요한 능력이다. 아이디어를 떠올리고 기획을 해야 할 때는 그냥 막연히 머릿속으로만 하기보다 종이에 써 가며 하는 편이 효율적이다. 머릿속에 떠오른 내용을 종이 위에 끄집어낸다는 느낌으로 말이다.

나는 회의에 참석해서도 틈틈이 노트를 펼치거나 흰 종이를 꺼내 책상 위에 둔다. 너무 대놓고 회의와 상관없는 행동을 하면 분위기를 망치겠지만 회의와 관계는 없어도 아이디어를 메모하는 정도

쯤은 별 문제가 되지 않는다. 실제로 내가 다니는 대학의 교수회의에는 100명 이상의 사람이 참석하기 때문에 회의를 하다 보면 나와 전혀 상관없는 이야기가 이어져 한가할 때가 있다.

TV를 보거나 잠깐 빈 시간을 카페에서 때울 때도 나는 늘 메모를 하곤 한다. 그러다 보니 빈 종이가 눈앞에 있으면 머릿속 생각은 기획으로 자연스럽게 옮겨 가곤 한다. 별 무리 없이 기획에 대한 의욕이 끓어오르는 것이다. 이처럼 기획을 위한 여백이 마련되면 아이디어를 생각하는 것이 쉽게 습관이 된다.

기획이 습관화되어 있는 사람은 항상 어떤 테마를 머릿속에 담아 둔다. 그러면 일상의 모든 것이 아이디어로 다가오는 느낌이 들어 이를 메모해 두려는 마음이 간절해진다.

아이디어나 힌트를 메모하는 방법은 다음과 같다. 앞서 설명했듯 먼저 노트나 종이 맨 위에 제목을 적는다. '오랫동안 앉아 있어도 힘들지 않은 의자란?'처럼 의문형도 좋고 《메모의 재발견》원고 책 제목'처럼 생각해야 할 과제를 그대로 제목으로 써도 된다. 'A는 B다'같이 명제의 형태로 제목을 작성할 수도 있다. 형식이 중요한 게 아니다. 제목을 적어 둔다는 점이 핵심이다. 그리고 그 아래에는 제목과 관련된 아이디어만 메모하도록 한다.

기획 업무를 담당하는 사람들은 기획 노트를 따로 한 권 마련해도 좋지만 그렇지 않은 경우는 항상 들고 다니는 노트에 기획 페이

지를 만들면 된다. 페이지 위에 제목만 적어 두면 아이디어를 발견
하거나 뭔가 갑자기 좋은 생각이 떠올랐을 때 바로바로 적을 수 있
다. 다이어리 속 무지 노트를 기획 페이지로 활용하는 방법도 바람
직하다. 다이어리는 1년 내내 가지고 다니는 물건이므로 메모를 하
고 싶을 때 노트가 없어 곤란한 상황을 피할 수 있다. 다만 쓸 공간
이 너무 작으면 생각을 펼치기가 쉽지 않다. 왼쪽은 달력이고 오른
쪽이 노트 페이지로 구성된 다이어리를 추천한다.

02

제목이 먼저,
내용은 그다음이다

노트에 메모를 할 때는 구획 짓는 요령이 중요하다. 줄 바꾸기나 페이지 넘기기를 잘 활용하는 것이 좋은데, 이때 여백이 많이 생겨도 신경 쓰지 않도록 하자. 내가 쓰는 노트에는 제목만 적은 채 그 밑으로 아무것도 적지 않은 페이지도 꽤 많다. 일단 제목만 적는다는 생각으로 공간을 만들어 가는 것이 중요하다. 공간을 만들어 두면 어떤 주제에 대한 아이디어가 떠올랐을 때 '아, 그 페이지에 적으면 되겠다'는 생각이 자연스럽게 떠오른다. 그래서 꽤 오래전에 제목을 적어 두었던 페이지로 돌아가 메모하는 일도 흔하다.

가령 20개의 제목을 적어 두고 각각의 제목과 관련된 아이디어를 쓰도록 만들면 20가지 기획이 동시에 진행되는 셈이다. 물론 적어 둔 모든 기획이 만족스러울 만큼 발전하긴 힘들다. 하지만 나만의 테마가 20개 정도 되면 일상의 여러 가지 일들이 결국 어느 한 테마에 꼭 들어맞는 아이디어가 되곤 한다.

예를 들어 여태까지는 디자인에 별 관심이 없었다고 하자. 하지만 20개의 테마 중 하나가 디자인과 연관이 있다면, 서점에 들렀을 때 이전에는 있는 줄도 몰랐던 디자인 책들이 점점 눈에 들어오게 될 것이다. 나 역시 시내의 대형 서점에 갔을 때 '이렇게 다양한 디자인 서적이 있었구나.' 하며 놀랐던 기억이 있다. 수많은 책 가운데 흥미롭게 느껴지는 책을 골라 메모했던 테마와 연관 지어 읽다 보면 내 기획을 확장시킬 만한 내용을 발견할 수 있다.

생각해 둔 테마가 20개 정도 되면 꽤 여러 가지 아이디어가 기획의 레이더망에 걸리는 느낌이 든다. TV를 보거나 누군가의 이야기를 들을 때도, 심지어 쇼핑을 하면서도 '아, 이건 그 테마와 연결 지을 수 있겠는데?' 하는 아이디어가 샘솟는다. 구상은 어떤 주제에 관한 아이디어들이 모였을 때 이를 최종적으로 정리하고 다듬는 과정이다. 따라서 기획을 뒷받침할 아이디어는 많으면 많을수록 좋다. 테마와 관련된 저명인사들의 발언이나 비슷한 발상에서 출발한 인기 상품에 대한 정보처럼 여러 방면으로 자료를 찾을수록 기획에 점점 설득력이 더해진다.

하지만 기획을 뒷받침할 정보를 얻기에 가장 유용한 도구는 역시 책이다. 책에는 저자가 오랜 기간에 걸쳐 생각한 과정이나 경험이 가득 담겨 있다. 나 역시 새로운 책을 기획하거나 강의 주제를 정할 때 책에서 많은 도움을 받는다.

책은 지식이나 정보를 얻는 창구이기도 하지만 창의적인 사고력을 기르는 데 크나큰 역할을 한다. 책에 대한 투자야말로 진정한 투자다. 생활비가 남았다고 그 돈으로 로또를 사는 게 투자가 아니다. 앞으로 더 큰 이익을 만들어 낼 수 있는 사고력을 키우는 데 집중하는 것이 진짜 투자다. 책에서 아이디어를 얻는 과정을 반복할수록 창의적인 사고력이 발달하고, 창의적인 아이디어가 많을수록 미래의 기대 수입이 증가한다는 사실을 기억하라.

제목을 쓰면 내용도 적게 된다

점심시간 모객에 대해

2016. 12. 22.

콘셉트
- 점심시간을 효과적으로 활용한다
- 직장인의 새로운 점심 메뉴 제안
- 점심시간이 끝나면 여성 고객에게
  시식을 부탁한다

대상
- 20~30대 직장인
- 주부

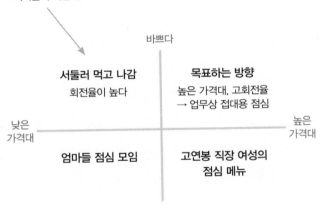

바쁘다

서둘러 먹고 나감
회전율이 높다

목표하는 방향
높은 가격대, 고회전율
→ 업무상 접대용 점심

낮은
가격대

높은
가격대

엄마들 점심 모임

**고연봉 직장 여성의
점심 메뉴**

한가하다

포인트
- 단체 손님도 가능
- 오랫동안 앉아 있어도 OK
- 디저트도 확실히

03.

일이 재미없을수록
기획 노트를 만들어라

일이 재미없게 느껴질수록 기획과 구상을 메모해 보도록 하자. 평소 하는 업무가 판에 박혀 있거나 반복되는 일이 많은 경우 자신의 발전에 한계를 느끼기 마련이다. 애초에 일을 하지 않는 경우도 마찬가지다.

변변한 직업 없이 백수로 보낸 시간이 꽤 길었던 나는 그 시기 동안 기획과 구상을 노트에 꾸준히 기록했다. 일이 없다 보니 어딘가 열정을 쏟을 만한 곳이 없었다. 대신 그만큼 기획과 구상한 내용을 메모해 두는 일에 몰두했다. '이런 책을 꼭 만들어야지!' 다짐하며 책의 목차도 다양한 콘셉트로 수없이 작성했다. 메모는 내게 일종의 신경안정제와도 같았다.

한편 책에 대한 구상뿐만 아니라 사회적인 운동에도 관심을 갖고 기획을 시도했다. 어느 날 나는 프랑스에서 '새로운 물결'New Wave 을 의미하는 단어 '누벨바그'nouvelle vague가 1950년대 후반까지 영화 운동을 지칭하는 말로 사용된 것에 큰 영감을 받았다. 그래서 이를 본떠 '교육 누벨바그 모임'을 만들자며 친구들과 도쿄 진보초(세계 적으로 유명한 일본의 고서점 거리. 매년 고서 축제가 열리는 것으로 유명하다.─옮긴이)의 한 카페에 모여 열띤 이야기를 나누었다. 그런 후 누 벨바그를 이끌었던 대표적인 인물인 영화감독 장 뤽 고다르Jean Luc Godard의 책을 비롯해 여러 자료를 구해 연구하고, 모임의 목적이나 활동에 대해 의논하며 그 내용을 노트에 메모해 두었다. 모임이 실 제적인 활동으로 이어지진 않았지만 구상을 노트에 적는 작업 자체 에서 굉장히 즐거움을 느꼈던 시절이었다.

인생에는 여러 즐거움이 있다. 계획을 꼭 실현해야만 즐거운 것 은 아니며 구상할 때가 가장 즐겁게 느껴지는 경우도 있다. 실제로 해 보면 오히려 조심스럽고 힘든 일이 많다. 나 역시 구상만 하던 책 집필이 현실로 이뤄지자 그것이 예상을 뛰어넘어 무척 힘든 일이라 는 것을 절감했다.

기획이나 구상을 메모하는 것은 기분 전환에도 매우 좋다. 친구와 이런저런 기획 이야기를 주고받으며 즐거움을 느낄 때 그냥 그 자리에서만 즐기고 끝내는 것은 너무 아깝다. 그 내용을 글로 메모하면 내가 하고 싶은 일이나 해야 할 일이 명확히 보인다. 그래서 '어떤 일을 해 보고 싶다'는 생각이 단순한 머릿속 구상에 그치지 않고 언젠가 빛을 볼 가능성이 높아진다.

쓰는 행위는
열정의 건전한 배출구

나와 마찬가지로 직업을 갖지 못한 시절에 더더욱 기획과 구상에 힘쓴 사람들이 있다. 작가 무라마츠 도모미村松友視 는 《골동품상의 여자》時代屋の女房라는 작품으로 나오키상을 수상한 후 거의 매달 한 편씩 작품을 발표했다. 마치 '월간 무라마츠' 같은 느낌이다. 한 인터뷰에서 어떻게 그런 속도로 작품을 낼 수 있느냐고 묻자 무라마츠는 이렇게 답했다.

"무명 시절 써 둔 작품이 집에 몇 상자나 쌓여 있습니다. 그걸 하나씩 내고 있을 뿐이에요."

영화감독 구로사와 아키라黑澤明의 이야기도 빼놓을 수 없다. 조감독 시절, 그는 자기가 만들고 싶은 영화를 찍을 수 없는 대신 매일 시나리오를 쓰겠다고 마음먹었다. 정말 매일같이 꾸준히 썼다. 술에 취해서도 시나리오를 썼다고 한다. 쓴다고 모두 영화화될 리 없지만 시나리오를 쓰는 일 자체가 그에겐 일종의 연습이었다. 앞으로 원하는 영화를 만들게 될 때 도움이 되면 그걸로 족하다고 여겼다. 조감독은 자기가 찍고 싶은 장면을 찍을 수 없다. 끓어오르는 창의력이 분출되지 못하고 막혀 있기 때문에 답답함을 느낀다. 구로사와는 그런 안타까움과 쏟을 데 없는 불만, 그리고 열정을 오롯이 미래를 향한 준비에 내던진 것이다. 쓰는 행위는 이처럼 건전한 배출구가 되기도 한다.

신입사원 시절에는 누구나 한 번쯤 창의력을 발휘할 수 있는 업무를 맡고 싶다고 생각한다. '내가 과장님이라면 이렇게 할 텐데….' 여러 가지를 구상하고 결정하는 위치가 되면 분명 기분 좋게 일할 수 있으리라 상상한다. 하지만 그런 문제라면 굳이 과장이 되지 않아도 혼자 얼마든지 기획과 구상을 노트에 메모하는 방법으로 해결할 수 있다. 그리고 이렇게 쓴 메모는 열정을 분출하는 데 그치지 않고 나중에 원하는 위치에 올랐을 때 실제 일을 처리하는 데도 큰 도움이 될 것이다.

04

쓰면 쓸수록
아이디어는 더 나온다

좋은 아이디어를 내기 위해서는 먼저 기본적인 아이디어의 양을 늘려야 한다. 수능이나 자격시험을 칠 때 한 문제에 너무 골몰하다 좋은 점수를 받지 못하는 경우가 있다. 이처럼 한 아이디어를 질적으로 끌어올리는 과정도 중요하지만 일단은 양적으로 최대한 많이 확보해야 한다. 많은 양의 아이디어를 내다 보면 대상을 보는 관점도 바뀔 수 있다. 사고가 점점 유연해진다는 뜻이다.

나는 강의 도중 학생들에게 어떤 사항에 대해 생각해 보라고 지시할 일이 있으면 "구체적으로 15개 목록을 만들어 보세요."라고 말한다. 조목조목 목록을 만들면 처음에는 하나를 써 놓고 진전이 없다가도 차츰 아이디어가 떠오르기 시작한다. 손을 움직일수록 뇌가 활성화되기 때문이다. 이렇게 아이디어 목록을 쓰는 데 집중하다 보면 어느새 아이디어를 많이 내는 과정이 즐거워진다. 보통 수를 헤아리다 보면 다음 숫자가 자동으로 튀어나오기 마련이다. '13'까지 세면 '14'라고 말하고 싶어 입이 근질거린다. 그리고 곧 나도 모르게 '15'를 센다. 이처럼 수를 더해 가고자 하는 특성을 이용해 목록을 늘려 가는 것이다.

아이디어를 짜내야 하는, 어렵지만 즐거운 상황은 뇌에 상당히 긍정적인 영향을 끼친다. 무릎을 칠 정도로 뛰어난 아이디어는 그리 쉽게 생각나지 않지만 기획하는 과정을 즐길수록 아이디어가 계속 떠오른다.

회의나 강연 시간에 진행자가 "뭔가 좋은 아이디어 있습니까?" 하고 질문을 던지면 눈이 마주칠세라 고개를 숙이거나 딴청을 부리는 사람들이 꽤 많다. 그만큼 아이디어를 내는 것을 어렵게 느끼기 때문이다. 이런 사람들에게는 어떤 내용이라도 상관없으니 먼저 아이디어의 가짓수를 늘리는 데 집중하며 생각하는 과정을 즐기라고 조언하고 싶다. 특히 번호를 매겨 아이디어의 목록을 만들어 가는 방법은 분명 큰 도움이 될 것이다.

05

메모의 유무가
결과의 차이를 만든다

글로 적어서 문제 또는 주제를 인식하게 되면 일상의 모든 것이 힌트가 될 수 있다. 다만 이 힌트들은 아직 '아이디어의 씨앗'이다. 주제를 뒷받침할 만한 정보가 어느 정도 모였다고 해도 아직 논리적으로 취약한 부분이 있다.

이런 힌트들을 '아이디어'라고 부를 만한 내용으로 다듬을 때는 혼자서 머리를 싸매고 하기보다는 누군가에게 조언을 구하는 것이 좋다. 그러면 단숨에 진도가 나가기도 한다. "저거랑 뭐가 다르지?", "비슷한 내용을 어디서 들어봤는데….", "이런 식으로 생각하면 어때?" 등 누군가와 함께하면 이처럼 질문을 통해 생각의 깊이를 더할 수 있을 뿐만 아니라 상대방의 말에서 힌트를 얻는 경우도 많다. 이야기를 주고받으며 각자의 경험에서 지식들이 떠오르고, 이를 메모를 통해 구체화하면 또 다른 아이디어로 발전하기도 한다.

나는 누군가와 대화를 할 때도 테이블 가운데에 노트나 종이를 꼭 올려 둔다. 노트를 펼쳐 놓고 양쪽 페이지를 모두 활용해 상대와 함께 목록을 나열하는 작업을 한다. 그러다 보면 노트 위에서 나와 상대방의 생각이 한데 어우러지는 느낌이 든다. 출발점에서 맴도는 일 없이 생각이 앞으로 쭉쭉 뻗어 나간다. 이처럼 가운데에 노트를 두는 것만으로도 대화의 결과는 판이하게 달라진다.

기획을 완성해야 하는 회의 시간에도 2~3명으로 그룹을 나눠 노트를 펼쳐 놓고 아이디어를 나열해 보자. 여럿이 모여서 말로만 회의를 진행하다 보면 논점이 흩어지기 쉬울뿐더러 애써 떠올린 아이디어조차 발언할 기회를 놓치거나 금세 잊어버리고 만다. 우선은 인원을 나눠 목록을 작성한 후에 전체적으로 다시 의논하는 방식을 적용해 보자. 각자 자기 노트에 아이디어를 메모해도 상관없지만 노트를 가운데에 두고 한 사람이 서기가 되어 기록하면 전체적으로 상황을 편하게 공유할 수 있다. 노트를 보며 이야기를 나누다 필요할 때는 노트에 직접 내용을 적어 넣어도 된다.

꼭 회의 같은 자리가 아니라 카페에서 친구들과 함께 수다를 떨

다가도 '그것 참 재밌다!' 싶은 아이디어가 나오면 바로바로 노트에 메모하도록 하자. 노트에 쓰는 습관을 지닌 사람이 많지 않기 때문에 이 책을 접한 여러분이 적극적으로 나서서 메모하면 모두 기꺼이 반길 것이다. 예쁘게, 깔끔하게 쓸 필요도 없다. 키워드를 선으로 연결해 가며 쓰는 정도면 충분하다. 그리고 이것은 아이디어의 발전 과정을 보여 주는 훌륭한 기획 자료가 될 것이다.

지금까지 메모를 통해 생각하는 것을 습관으로 만드는 방법에 대해 소개했다. 머릿속으로 이것저것 두서없이 생각하기보다는 종이 위에 목록을 적고 요점을 세 가지로 압축하는 습관을 들이면 어떤 복잡한 생각도 훨씬 단순하고 명쾌해진다. 중요한 내용을 세 가지로 정리하다 보면 집중할 대상이 한정되면서 마음이 한결 편해지고 문제 해결에 더 쉽게 접근할 수 있다.

공부할 때만 뭔가를 적고 메모하는 것이 아니라 사회에 나가 성공하기 위해서도 메모는 꼭 필요한 도구다. 아이디어를 내기 위해 두뇌 회전이 필요할 때, 직장에서 일을 더 잘하고 싶을 때, 인생에서 중요한 문제를 맞닥뜨렸을 때, 카페에서 친구와 수다를 떨 때도 메모는 여러분의 가장 가까이에서 누구보다 친절한 파트너가 되어 줄 것이다.

제7장

삶이 가벼워지는
메모의 기술

01

도표로 인간관계가
달라진다

사실 일에서 인간관계는 큰 영향을 미친다. 그래서 일을 더 잘하고 싶다거나 일과 관련해 현재 자신의 상태를 알고 싶다면 직장 내 인간관계와 자신의 위치를 확인해 보는 과정이 필요하다.

신입사원인 경우 입사 1개월 후, 3개월 후, 6개월 후 이런 식으로 시간의 경과에 따라 입지가 상당히 달라진다. 노트에 부서 내 자리배치도를 그린 뒤 가운데에 자신을 놓고 그 주변으로 인간관계를 표시해 보면 그동안 깨닫지 못하고 있었던 여러 가지 상황이 눈에 보일 것이다.

관계를 나타낼 때는 기호를 활용하면 좋다. 가령 'A와는 관계가 아주 좋으니까 ○, B와는 좋지도, 나쁘지도 않으니까 △, C와는 좋은 관계를 맺지 못했으니까 ×'와 같이 표시하면 된다. 애매하게 머릿속으로만 주변 사람을 파악하는 것보다 이렇게 도표로 나타내 보면 자신이 안고 있는 과제가 명확히 보인다.

예를 들면 'C와 이런 관계가 계속 유지되면 피곤하니까 C에게 의견을 물어보면서 가볍게 말을 걸어 보자'는 식으로 인간관계에 대한 개선책을 고민해 보게 된다. 그리고 실제로 업무를 보다가 생각했던 대로 C에게 가서 "이거, 어떤 쪽이 더 나을까요?" 하고 가벼운 질문을 던질 수 있다. 그러면 C도 '지금까지 별로 대화가 없었는데 이렇게 질문한다는 건 한발 다가오려는 시도겠지?' 하고 느껴지는 바가 있어 조금씩 마음을 열게 되고, 그러면 관계 개선의 가능성도 더 높아진다. 이렇게 도표에 나타난 관계에 따라 문제와 해결 방안도 달라진다.

도표로 그리면 이처럼 문제점을 구체적으로 짚어 보고 고민하게 된다. 자신이 안고 있는 과제가 무엇인지 명확해질수록 일에서 의욕이 떨어지는 상황을 방지할 수 있다.

직장 내 인간관계를 도표로 나타내면 문제가 보인다

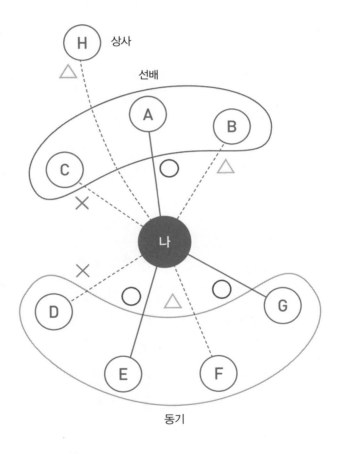

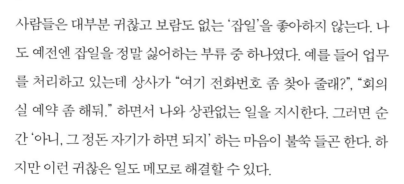

02
잡무일수록
메모를 하라

사람들은 대부분 귀찮고 보람도 없는 '잡일'을 좋아하지 않는다. 나도 예전엔 잡일을 정말 싫어하는 부류 중 하나였다. 예를 들어 업무를 처리하고 있는데 상사가 "여기 전화번호 좀 찾아 줄래?", "회의실 예약 좀 해줘." 하면서 나와 상관없는 일을 지시한다. 그러면 순간 '아니, 그 정돈 자기가 하면 되지' 하는 마음이 불쑥 들곤 한다. 하지만 이런 귀찮은 일도 메모로 해결할 수 있다.

귀찮고 번거로우니까 하기 싫고 그 정도는 상사가 직접 처리했으면 좋겠다는 마음은 충분히 이해가 간다. 그런데 내가 상사라고 가정해 보자. 월급이나 책임의 정도를 따져 보면 부하직원에게 그런 허드렛일이 돌아가는 건 어쩌면 당연하다는 생각도 들 것이다.

사실 교수인 나도 처리해야 하는 잡일이 꽤 많다. 심지어는 학교 내에서 불미스러운 일을 저지른 학생을 따로 불러 주의를 주거나 상담을 해야 할 때도 있다. 솔직히 이게 대학 교수가 해야 할 일인가 싶기도 하고 성가실 때도 있다. 하지만 하기 싫다고 대학 측과 옥신각신하다 보면 그 상황이 더 스트레스일 것이다. 결국 일이니까 받아들이는 수밖에 없다.

이런 잡일이 더 이상 귀찮게 느껴지지 않도록 하는 비결은 바로 리스트를 만드는 것이다. 머릿속으로만 생각하면 감정만 증폭돼 더 하기가 싫어진다. 하지만 리스트로 메모해 두면 따로 생각하지 않아서 마음이 한결 편해지는 효과가 있다. '누구누구에게 전화. 010-××××-××××' 이런 식으로 조목조목 메모해 두면 된다. 보통 이런 잡일 리스트에는 체크 박스를 만들어 일을 하나씩 끝낼 때마다 빨간색으로 표시를 하는 방법도 있다. 그러면 정말로 기분이 좋다. '아, 하나 끝냈어!' 하고 마음이 조금씩 편해지기도 한다. 체크 박스에 빨리 표시하고 싶은 심리도 잡일을 기꺼이 처리하는 데 어느 정도 도움을 준다.

나는 월요일을 '잡일 처리의 날'로 정해 두었다. 원래 좀 미뤄서 하는 성격이다 보니 어느 순간 돌아보면 잡일이 잔뜩 쌓여 있는데 그걸 월요일마다 한꺼번에 해치운다. 월요일은 싫든 좋든 세상 사람들 대부분이 업무를 시작하는 날이다. 그래서 나도 마치 한 방향으로 흘러가는 물결처럼 그 기세를 잡일 처리에 이용한다. 잡일 처리를 월요일이나 화요일로 정하면 수요일부터 상쾌한 기분으로 하루를 보낼 수 있다.

잡일하는 시간을
따로 정해 두어라

········

잡일은 어떤 직업에나 따라오는 부록과도 같다. 나 역시 수업 시간에 나눠 줄 자료를 양식에 맞게 만들어 인쇄하고 200부를 양면 복사하는 단순 노동을 항상 한다. 물론 필요한 일이긴 하지만 복사 작업 자체가 창의적인 일이라고 보긴 힘들다.

창의력을 요하는 업무를 시작해 보려고 마음먹었을 때 갑자기 자질구레한 일이 끼어들면 신경이 곤두서기 마련이다. 하지만 이런 경우 따로 시간을 정해서 '지금은 잡일하는 시간'이라고 해두면 스트레스 받을 일 없이 잡무를 처리할 수 있다. 오히려 분리수거를 해야 하는 날 집 안을 돌아다니며 재활용품을 찾듯이 '뭔가 더 없었나?' 하며 할 일을 적극적으로 찾게 된다. 그러다 보면 제출하는 걸 깜빡 잊었던 서류를 발견하기도 한다. 잡일 리스트를 하나씩 없애

잡일은 한눈에 볼 수 있도록 적어 두어라

오늘 꼭 해야 할 일
○월 △일

- ☑ 사사키 씨에게 전화
  010-××××-××××
- ☐ 회의용 자료 50부 복사
- ☑ 이토 씨에게 메일 보내기
- ☐ 품의서 제출
- ☐ 교통비 정산
- ☑ 회의실 예약

나간다는 느낌으로 집중하다 보면 일 처리 속도도 점점 빨라진다. '재미없으니까 빨리 해치워야지' 하며 스톱워치를 옆에 두고 일을 하는 방법도 추천한다.

나는 평소 사무적인 절차를 처리하는 데 재능이 없었다. 심각하게는 대학 입학에 꼭 필요한 서류 제출을 잊어버려서 하마터면 입학이 취소될 뻔한 일도 있었다. 입학처에 갔더니 이미 마감을 한 상태였는데 당일 소인 우편은 받아 준다고 해서 허둥지둥 우체국에 갔던 기억이 난다. 친구 중에도 나처럼 서류 처리나 수속을 어려워하는 사람이 있었다. 그런데 어느 날 그 친구가 "사실 난 사무가 특기였다는 사실을 알게 됐어."라며 말을 꺼냈다.

"스스로 기계라고 생각하면 돼. 그러면 엄청난 속도로 일을 처리할 수 있어."

친구의 말을 듣고 나 역시 사무 능력이 정말 없었던 건 아니라는 사실을 깨달았다. 문제는 기계처럼 단순하지 않았다는 점에 있었다. '왜 내가 이런 일을 해야 하나'라는 감정이 발목을 잡은 것이다. '내가 왜'라는 생각에서 벗어나 잡일을 대하는 새로운 발상이 필요하다. 잡일에서 자유로워지길 바라지 말고 먼저 잡일을 대하는 마음가짐에서 자유로워지자.

03

스트레스의 원인을
리스트로 만들어라

나는 가끔 극도로 스트레스가 쌓이면 "인류가 멸망했으면 좋겠다."
고 중얼거리곤 한다. 그래서 한번은 이렇게 스트레스를 받는 이유
가 무엇인지, 대체 내가 어떤 상태에서 인류가 멸망했으면 좋겠다
고 내뱉게 되는지 그 리스트를 작성해 봤다.

　리스트를 만들다 보니 원래 내가 해야 되는 것이 아닌 자질구레
한 업무가 쌓여 있을 때 스트레스를 받으면서 왠지 세상이 싫어진
다는 사실을 알게 됐다. 그러면 '원래 내 몫이 아닌 업무'는 무엇일
까? 생각을 거듭할수록 나는 이런 인식 자체가 잘못됐다는 결론에

도달했다. 결국 세상 사람은 대부분이 '내가 꼭 해야 하는 것이 아닌 일'을 하며 살아간다는 생각이 들었다. 모두 '원래 내 일은 아니지만' 하면서도 주어진 일을 해내고 있기에 사회가 돌아가는 것이다.

그렇다면 이러쿵저러쿵 핑계 대지 말고 재빨리 해치우는 것이 가장 현명하다. 대개 이런 일은 음식물 쓰레기와 비슷하다. 처리를 제때 안 하고 그대로 두면 조금씩 부패한다. 냄새가 심해질수록 점점 손대기는 싫어지고 그렇게 하기 싫은 일을 방치한 채 몇 개월이 지나면 그 일은 머릿속에서 서서히 잊혀 간다. 그러나 한편에는 그 일이 제대로 처리되길 기다리는 누군가가 존재하고 결국 '그 일은 어떻게 됐나요?', '아직인가요?'라는 말을 언젠가는 듣게 된다. 그러면 완전히 잊은 일을 이제 와서 찾는 사람에 대해 괜히 언짢은 마음이 생긴다.

이런 깨달음을 얻은 후 나는 내 발전에 도움이 안 된다고 여겨지는 잡일을 해야 하는 시간도 효과적으로 활용할 수 있게 됐다. 그 전까지는 항상 목표를 향해 앞으로 나아가야 한다는 생각 때문에 발전 없는 일을 하면 뭔가 스트레스를 받고 지쳤던 것이다. 하지만 발전의 여지가 없는 허드렛일은 시간대를 정해서 처리하면 그만이다. 사회인이면 누구나 '원래 내 일이 아닌 사소한 업무'를 껴안고 있다는 사실을 기억하라.

이처럼 이유 없이 스트레스를 받는다고 느낀다면 자신이 어떤 일을 할 때, 무엇 때문에 스트레스를 받는지 그 원인을 찾아 리스트를 작성해 보자. 리스트를 작성하면 일단 적는 것만으로도 마음이 차분해지는 효과가 있고, 글로 단순화시키면 스트레스의 원인을 객관적으로 볼 수 있게 되어 그 해소 방법을 찾기도 쉬워진다. 단순하게 생각하면 쉬운 일도 마음먹기에 따라 세상이 끝날 것처럼 고통스러울 수 있다. 그런 일들은 안에 담아 두지 말고 메모로 끄집어내자. 밖에서 보면 말 그대로 사소하고 작은 일임을 알게 된다.

04

감정의 도식화로
불안을 관리하라

복잡한 마음을 정리하는 일은 업무 생산성을 높이는 데 가장 중요한 부분이다. 사람은 대부분 살아가면서 감정이나 기분에 지대한 영향을 받기 때문이다.

뭔가 근심이나 걱정이 있을 때는 메모, 즉 걱정거리 리스트를 만들면 도움이 된다. 어째서 지금 불안함을 느끼는지, 무엇이 마음을 어지럽히는지 곰곰이 생각하며 메모해 보는 것이다. 원래 불안은 대상의 정체를 명확히 알지 못하는 데서 비롯되는 감정이다. 정체를 모르니 더욱 압도당하는 느낌이 든다. 그렇다면 불안의 정체를 파헤치는 것이 해결책이다. 흐릿했던 감정이 점점 윤곽을 드러내면서 마침내 원인이 확실해지면 사실 그렇게 대단한 일이 아닌 경우가 많다. 이렇게 불안의 원인이 드러나면 이미 문제의 절반은 해결된 셈이다.

또한 걱정되는 일들을 노트에 쭉 적어 보면 나를 좀먹고 있는 불안의 가장 큰 원인을 알 수 있다. '이게 다른 데까지 영향을 미치고 있었구나!' 싶은 문제점이 보인다. 만일 고민해도 별다른 해결 방법이 없는 일이라면 마치 진공포장을 하듯 단단히 봉해 두자. 마치 쓰레기통에 버렸다는 느낌이 들도록 항목 위에 크게 'X' 표시라도 해두면 심리적으로 도움이 된다.

너무 고민에 빠져 있으면 주변 사람들에게도 좋지 않은 영향을 끼친다. 옆에서 불만이나 푸념을 계속 늘어놓으면 들어 주는 쪽도 지치기 마련이다. 가끔은 괜찮지만 버릇이 되지 않도록 주의해야 한다.

예를 들어 회사에 가기 싫다는 고민거리를 안고 있다고 해 보자. 먼저 가기 싫은 원인을 노트에 쭉 적어 본다. 그러면 무엇 때문에 가기 싫은 것인지 명확히 알게 된다. 원인을 정확히 파악한 후에는 문제를 해결하기 위해 할 수 있는 선택은 무엇인지 써 본다. 'A. 회사를 그만둔다', 'B. 가기 싫게 만드는 원인을 개선한다'처럼 해결 방법을 도식화해서 정리하면 더욱 좋다.

이런 메모가 갖는 장점은 전체적인 내용이 한눈에 들어온다는 데 있다. 문자로 옮기지 않고 친구와 이야기를 나누면 방금 전 말했던 내용조차 금세 머릿속에서 사라지고 만다. 때문에 대화만으로는 전체적인 문제를 헤아리기가 힘들다. 그러면 친구와 대화를 나눌 때 둘 사이에 노트를 두면 이런 일을 방지할 수 있지 않을까? 노트에 상황을 도식화하거나 고민의 원인을 조목조목 적어 가며 이야기를 나누는 것이다. 적어 놓은 글을 보다 보면 '이런 방법도 있지 않을까?' 하고 자연스럽게 아이디어가 떠오른다.

고민을 메모하는 것은 자기 자신을 돌아볼 때도 상당히 유용하다. 성장하기 위해서는 자기반성이 반드시 필요한데 반성이란 결국 자신에 대해 깊이 들여다보고 생각하는 과정이다. 메모를 하는 것은 자신의 생각과 감정을 구체적으로 표현하고 돌아보는 계기가 된다. 그래서 고민이 있을 때 메모를 활용하면 문제를 해결하고 스스로 성장하는 과정이 좀 더 수월해진다.

메모를 하면
복잡한 마음이 정리된다

....

카페에서 친구들과 대화할 때 노트나 수첩을 펼치는 사람은 매우 드물다. 하지만 나는 그 드문 일을 20년 이상 해와서인지 이제는 노트를 꺼내지 않으면 다들 이상하게 생각한다. 카페에 가면 여자들끼리 수다 꽃을 피우는 모습을 자주 보게 되는데, 그럴 때마다 나는 저 테이블 가운데 노트를 두면 좋겠다고 생각한다. 비즈니스나 공부와 관련된 대화가 아닌 이런 사적인 대화에서도 메모는 복잡한 마음을 정리하는 데 많은 도움을 준다.

예를 들어 '결혼 얘기만 나오면 어물쩍 넘기려는 남자 친구랑 차라리 헤어지는 게 나을까?'라는 주제로 친구들과 대화한다고 가정해 보자. 이때 노트를 펼쳐 그 위에 선택지나 가능성을 도식화한다. 'A. 헤어진다, B. 좀 더 지켜본 후 판단한다, C. 현상 유지' 이런 식으로 선택지를 도식화해서 이것을 보며 이야기를 나누는 것이다.

"당분간 태도를 좀 지켜보고 나서 판단할까봐."

"당분간이면 얼마? 한 3개월 정도?"

"한 달로 할래."

"그럼, 한 달 후에 다시 생각해 보는 걸로!"

이런 식으로 고민거리를 도표로 그려 생각하면 심각했던 일도 그렇게 심각하게 여기지 않고 고민을 끝낼 수 있다. 결국 마음을 눈에 보이게 메모하는 것이 중요하다. 이때 너무 진지한 태도와 말투로 고민을 정리하기보다 핵심을 찌르면서도 여러 가지 재미있는 말을 곁들이는 것이 요령이다. 어깨에 힘을 뺄수록 아이디어가 샘솟는다는 사실을 기억하라.

이처럼 메모는 일뿐만 아니라 마음을 정리하는 데도 효과적으로 활용할 수 있다. 일기 형식으로 감정을 터뜨리는 방법도 좋지만 리스트를 만들거나 도식화해서 노트에 고민을 털어놓는 방식이 좀 더 효과적이다. 병의 원인을 밝히기 위해 몸을 해부하는 의사들처럼 문제점들을 조목조목 들여다보고 분석하며 마음을 정리할 수 있기 때문이다.

그렇다고 마음 정리용 노트를 일부러 따로 만들 필요는 없다. 그냥 평소 즐겨 쓰는 노트에 메모하는 걸로 충분하다. 맨 위에 친구와 대화한 날짜, 장소, 친구 이름을 함께 적고 그 밑에 고민과 대화 내용을 써 내려간다. 이렇게 해두면 어떤 문제에 대해 언제, 어떻게 정리했는지 한눈에 알아볼 수 있다. 분명 나의 느낌인데도 과거의 감정이 기억나지 않는 일은 꽤 흔하다. 그럴 때는 노트를 뒤적여 확인하면 된다. 그러다 그때와 지금을 비교했을 때 환경이나 마음에 변화가 생겼다면 다시 새롭게 정리해 두는 것도 좋은 방법이다.

이런 작업은 혼자 해도 되지만 누군가와 함께할수록 그 효과는 더욱 커진다. 특히 경험이 풍부한 사람이나 현명한 사람과 같이하면 더욱 알찬 내용의 노트를 만들 수 있다.

"남자 친구가 결혼을 고민하지 않는 게 마음에 안 들잖아. 남자 친구에게 무슨 생각을 하느냐고 직접적으로 물어보면 어때?"

"응, 그러려고. 직접 대놓고 물어볼래."

"그럼, 그렇게 하는 걸로 결정!"

이처럼 조언을 해 주는 상대방과 함께 낙서하듯 가벼운 마음으로 노트에 메모하면 된다. 문제나 걱정을 글이나 도표로 정리하면 자신의 진정한 욕구에 우선순위를 매길 수 있다. 결혼이냐, 현재 남자 친구와 계속 사귀느냐 사이에 부등호를 넣어 보면 '난 결혼하고 싶은 욕구가 더 강하구나' 하고 미처 파악하지 못했던 자신의 마음을 깨달을 수 있다. 질질 끌며 계속 고민만 하다가는 자신이 진정으로 원하는 것이 무엇인지 제대로 알 수 없게 된다. 하지만 메모를 통해 우선순위를 파악하면 그럴 걱정이 사라진다.

여성은 특히 의논 상대와 함께 마음을 정리해 나가는 능력이 탁월하다. 다만 이때 메모를 활용하지 않는다는 사실이 아쉽다. 아마도 그냥 수다만 떨어도 즐겁고 스트레스가 풀리기 때문인 듯하다. 요즘 같은 최첨단 시대에 수다를 떨면서 노트에 메모하라는 말이 촌스럽게 느껴질지도 모르겠다. 하지만 무엇이든 메모하는 습관이 현실을 바꿔 나갈 힘이 되어 준다는 사실만은 분명하다.

05

마음에 담지 말고
메모로 끄집어내라

복잡한 마음을 계속 끌어안고 있으면 금세 지친다. 무게를 잴 수는 없지만 분명 마음에도 무게가 있다. 선禪의 세계에 '마음을 고요하게 한다'는 말이 있다. 좌선을 하며 현재에만 마음을 집중하는 훈련이다. 인간은 아무래도 매일같이 발생하는 자질구레한 일이나 걱정거리에 마음이 흔들리기 쉽다. 선은 이런 상태에서 벗어나 오직 지금 이 순간에 집중하는 것을 목표로 한다. 미래를 걱정하지도, 과거를 회상하지도 않는다.

　언젠가 휴가차 태평양의 한 섬에서 일주일을 보내며 마음의 무게에 대해 깨닫게 됐다. 모래사장에서 멍하니 내리쬐는 태양을 맞고 있으니 과거나 미래에 대한 생각은 전혀 들지 않았고 오로지 '지금 여기 존재한다'는 감각만이 선명해졌다. 그러자 마음이 한없이 가벼워졌다. 고민해 봐야 뾰족한 수가 없는 괜한 걱정에 그동안 얼마나 많은 에너지를 소모하고 있었는지 확실히 깨달았다.

여행을 떠났을 때 기분 전환이 되는 까닭은 바로 이렇게 마음의 속박으로부터 벗어날 수 있기 때문이다. 늘 하는 생각이나 고민에서 자유로워지면 날개라도 달린 듯 마음이 가벼워진다. 하지만 여행에서 돌아와 일상이 시작되면 마음은 다시 서서히 무거워진다. 그런데 여행을 가지 않고도 마음의 무게를 더는 방법이 있다. 바로 메모다.

해야 할 과제를 노트에 메모하면 더 이상 마음속에 끌어안고 있을 필요가 없어진다. 마음에 담아 두지 않아도 된다는 사실이 몸과 마음을 편안하게 해 준다. 물론 메모를 한다고 걱정거리가 없어지는 것은 아니다. 하지만 일단 밖으로 끄집어내기만 해도 마음은 상당히 편해진다. 덕분에 내 안에 있는 에너지를 헛되이 소모하지 않을 수 있다.

청춘에게는 울적한 기분이나 풀 곳 없는 마음까지도 뭔가를 이루고자 하는 원동력이 될 수 있어 고민이나 걱정이 어느 정도는 필요하다. 하지만 이것이 번뇌로 이어지는 것은 바람직하지 않다. 자신을 갉아먹는지도 모르고 고민을 계속하다 보면 제자리만 맴돌다 결국엔 아무것도 변하지 않은 현실을 마주하게 된다. 하지만 마음속에 있는 질척한 감정을 종이 위에 게워 내면 몸도 마음도 가벼워진다. 낱장의 종이도 상관없지만 가능하면 한 권의 노트에 마음을 옮기길 권하고 싶다. 노트를 넣으면 가방이 조금 무거워질 순 있다. 대신에 그 마음은 몇 배로 가벼워질 것이다.

메모의 가치를
재발견하는 시간

이 책의 번역이 끝나가던 무렵 한 예능 프로그램에서 소설가 김영하 씨의 메모 습관을 보게 됐다. '작가는 말을 수집하는 사람'이라며 미용실에서 '커트보'라는 미용실의 언어를 수집했던 에피소드를 풀어놓는가 하면, 식사를 할 때 요리나 음식과 관련된 말을 확인하고 자연스럽게 수첩에 적어 넣곤 했다. 셔츠 앞주머니에 쏙 들어가는 앙증맞은 크기의 수첩을 꺼내 만년필로 메모하는 작가의 모습이 참 인상적이었다. 아마 번역하며 메모의 중요성에 한창 심취해 있던 때라 더욱 눈에 들어 왔는지도 모르겠다. 그런 그의 모습에서 30년 이상 꾸준히 메모를 해왔다는 이 책의 저자 사이토 다카시가 오버랩 되었다.

사이토 다카시는 직장인의 멘토이자 한국과 일본에서 300만 독자를 거느린 베스트셀러 작가로 많은 사랑을 받고 있다. 사실 그는 다작으로도 굉장히 유명하다. 국내에 번역 출간된 저서만 이미 수십 권에 달하는데 지금도 여전히 1년에 3~4권씩 꾸준히 책을 집필하고 있다. 어떤 저서에서는 한 해에 무려 30권의 책을 펴냈다고 언급하기도 했다. 더욱 놀라운 점은 집필 분야다. 사이토 다카시는 교수로서의 본업인 문학과 전공 분야인 교육학에 국한하지 않고 역사, 철학, 비즈니스, 인간관계에 이르기까지 다양한 주제를 넘나들며 왕성하게 책을 쓰는 저력을 보인다.

이처럼 유난히 뛰어난 생산성의 근원에는 바로 30년 동안 써온 메모가 있었다고 그는 말한다. 책에 대한 아이디어가 떠오를 때마다 그는 부지런히 노트를 찾는다. 수시로 노트를 펼쳐 노트의 하얀 공간을 마주할 때면 자연스럽게 아이디어를 떠올리도록 아예 자신만의 사고 패턴을 만들기도 했다. 그렇게 기획을 시작해 구체적인 구상에 이르기까지 책의 근간이 되는 중요한 과정은 모두 종이 위에서 이루어진다고 봐도 무방하다. 그야말로 '쓰면서 생각하고 이해하는' 사고 습관의 놀라운 결과물을 저자는 자신의 책을 통해 증명하고 있는 셈이다.

나는 어려서부터 글을 잘 쓰거나 말솜씨가 뛰어난 사람에 대한 동경이 있었다. 그런 사람들은 별개의 존재처럼 남들과는 다른 재능을 타고났다고 믿었다. 머리가 좋고 똑똑해서 한 번 쓱 보거나 들은 내용이 바로 머릿속에 입력되어 말이나 글로 술술 풀어내는 듯 보였다. 애초에 글을 쓰는 사람들은 창의력이 남다르다는 생각에 항상 부러움의 대상이기도 했다. 이 책은 그들의 뛰어난 솜씨 이면에 어떠한 노력이나 습관이 숨어 있었는지에 대해 진지하게 마주보는 계기가 되어 주었다.

사이토 다카시는 이 책을 통해 메모가 두뇌 활동을 촉진시키고 메모 습관으로 사회에서 인정받는 업무 능력을 갖출 수 있다고 단언한다. 책을 읽긴 읽었는데 문장 하나 쉽게 떠오르지 않고 설상가상 한 해 한 해 기억력에 한계를 느끼는 이들에게 상당히 희망적인 메시지가 아닐 수 없다. 그러면서 과연 저자처럼 적극적으로 노트에 무언가를 써 본 마지막 기억이 대체 언제쯤인지 스스로를 돌아보게 된다.

늘 손에 쥐고 사는 스마트폰부터 각종 태블릿에 노트북, 컴퓨터까지, 온갖 편리한 기계들이 오늘날 무서우리만큼 빠른 속도로 종이와 펜을 밀어내고 있다. 특히나 스마트폰이 생겨난 후로는 굳이 펜을 잡고 종이에다 무언가를 쓰는 일이 손에 꼽을 정도로 적어진 것이 현실이다. 메모할 일이 생기면 종이를 찾기보다 스마트폰의 메모 어플을 열게 되었고, 예쁜 노트나 다이어리에 써왔던 일기조차 이제는 블로그와 인스타그램 같은 SNS에 대신하는 사람들이 많아졌다.

하지만 그럼에도 '손으로 쓰는 메모'의 중요성이 여전히 살아 있음을 이 책은 새삼 느끼게 해 준다. 게으름이나 기타 여러 이유들로 지금 당장 메모하기를 실천에 옮기기는 어려울 것이다. 메모의 장점을 분명하게 인지하면서도 역시 꾸준히 쓰는 일은 힘이 들 수도 있다. 그러나 이에 대해 미리부터 걱정하거나 크게 자책할 필요는 없을 듯하다. 우리는 지금까지 경험을 통해 실천과 꾸준함이 얼마나 어려운 일인지 넘치도록 잘 파악하고 있으니 말이다. 그저 메모의 중요성과 손으로 써가며 생각하는 습관의 필요성을 다시 한 번 깨닫는 것만으로 이 책을 읽은 가치는 충분하다. 여기에 손쉬운 메모의 기술 중에서 한 가지라도 마음에 남은 내용이 있다면 바로 그 방법부터 실천에 옮겨 메모를 습관화하는 출발점으로 삼아보기 바란다.

2017년 뜨거웠던 여름의 끝자락에서
김윤경